大好文化

齊義擎、章心容、林恩芳、鄭音怡 編著

天才科學家史威登堡的

靈界體驗

愛與希望之書，
獻給深陷摯愛離世之痛的你

人類的遺產，給世人一生的寶藏

史威登堡的靈界見聞

史威登堡，是十八世紀出生於瑞典的傳奇人物，精通科學、數學、發明、天文、哲學、生理等二十多個不同領域，成就足堪比肩達文西與牛頓，而且在神學領域聲名卓著。最特別的是，他是史上第一位通行靈界的科學家。

1745 年，史威登堡五十七歲時，上帝賦予他一項特殊能力，經歷了靈界體驗後，搖身一變成為神學家、靈能者、神祕學家。根據他浩繁的著作所述，在那之後的二十七年間，他都能自由進出靈界、置身於天堂與地獄，而且將過程詳細記錄在《靈界見聞錄》之中。他在書中寫道：「上帝給我的使命，讓我可以同時出入人間、天堂與地獄。祂希望我要將靈界體驗與見聞讓世人知道：不要恐懼死亡，相信死後會前往靈界，那是美好的永恆世界；千萬不要因為自己的無知而下地獄，而是要讓大家都能夠進到天堂。」

十八世紀肖像畫家筆下的史威登堡與著作《靈界見聞錄》手稿

史威登堡的《靈界見聞錄》（完成於 1749 至 1756 年間）與神學相關書籍，不僅震驚全世界，距今二百七十多年影響深遠，有珍貴的諸多手稿被大英博物館典藏。如今，因緣俱足，我們四個好朋友在偶然的機緣下，潛心研讀消化中外相關著作，以及融合我們在台灣與日本的親身體驗與見證，推出本書以饗廣大華文世界的讀者。

本書將探討許多人生終極的問題：關於生命、靈界、永生、天堂與地獄，以及瞭解每個人如何在人間創造天堂：愛神、愛人、行善，活出更好的自己，幫助別人。

章媽媽的天使雲
——台灣日本見證日記
（2022 年 6 月 1 日－ 7 月 30 日）

◉ 章心容

2022 年 6 月 1 日接獲二哥義擎從台北緊急來電，提到高齡 96 歲的母親意識昏迷入住醫院，要我儘快回台。在此同時，我從日本回台之前匆匆照了一張自己日本醫院的照片，因為先生家族要出書之用，但是後來出版社的總編輯林恩芳看了照片，提到照片上有黃昏路標的陰影，要我重照，我只好請醫院同事幫忙。

6 月 2 日回到台北卻突然接到醫院告知媽媽辭世的消息，而且受疫情影響，家屬無法見到母親最後一面，這是為人子女最大的遺憾，我們痛苦不堪，完全沒有辦法接受入院五天後媽媽就過世的事實。

6 月 4 日（媽媽辭世 3 日後），受我之託負責拍照的醫院護理長終於拍好照片傳過來，我也同時發給恩芳看。我發現這張照片不太尋常，因為這張照片在我們的醫院上空照到了「天使雲」：照片中的雲很特別，呈現的是完全沒見過的線條方式，第一眼宛若敦煌天女散花的身形，然而再仔細一看，漸漸清晰浮現出一個年輕女性的臉龐（眼睛、鼻子、嘴巴，甚至頭髮的形狀都看得很清楚），而且也有天使的翅膀與曼妙的身形，像極了媽媽年輕時的樣子。右上方還有一道多彩光束，好像有甚麼訊息要從天堂傳達下來似的，也好像是隱形天梯，是不是主耶穌要來接媽媽到天堂？我把這個發現告訴恩芳，我們都很感謝上帝，覺得媽媽是用這種方式來跟我們道別，安慰了我們傷痛欲絕的心靈，也見證了基督徒的天使與天堂的存在。感謝主的恩典！

死亡，並非人生終點，而是移居靈界

這一切讓我想起曾經在 YouTube 上看過的一段有關史威登堡的神學與靈界見聞影片。史威登堡是一位通行靈界的科學家，所以他看過天堂與地獄，靈體是永生的！如今媽媽的天使雲，就好像是告訴我們：媽媽已經像天使升天了，可以到天堂得到永生。

史威登堡在他的《靈界見聞錄》中告訴我們：「在我們以肉體感知、理解的這個世界的反面，其實有個靈界存在，就在我們身邊，和我們的世界緊密連接，就像是硬幣的兩面一樣。人過世後，只不過是將衰老的肉體留在物質界，讓凋零的肉體回歸塵土，而肉體裡的靈擺脫肉體的枷鎖，會自由

章媽媽在台灣安息主懷 40 小時後，在女兒心容新蓋的日本醫院上空，竟然出現像極了母親年輕時模樣的天使雲（攝於 2022 年 6 月 4 日上午 8:13 日本）。

把章媽媽的天使雲局部放大一看，很有熟悉感，因為整體臉型與頭往右側看的樣貌，竟然與年輕時的章媽媽非常相像。

自在地前往了靈界、永居於天堂，前往了適合這個靈永生的天地。」

所以，史威登堡認為：「人過世後並不是消逝，靈會永久存在。還擁有肉體的我們是住在肉身裡的靈，死亡不過是從此不再使用肉體這個工具。死亡，是靈擺脫了肉體，啟程前往靈界罷了。」

雲彩異相，傳達親人在天堂的訊息

他說：「我們所看到的雲彩異相，是否就是我們親愛的家人朋友過世後的靈魂顯現了呢？可以這麼說：因為剛過世的靈還保留人世間的習慣與留念人世間的事物，祂們會前往靈界最前哨的精靈界，那裡是最靠近人世間的地方。在那裡，讓祂們慢慢了解自己的變化，理解靈界的運作後就會漸漸地前往適合自己的新天地。」

6月17日我傳給恩芳一則史威登堡講述他的靈界親身經歷的神學影片。恩芳收到後，非常震撼也覺得竟然自己不知道有這麼一位影響力的人物，提議未來有機會或許可以把章媽媽天使雲的見證與史威登堡的靈界見聞融合在一起出版一本書。

浮生千山路，我覺得生命中注定要遇到恩芳。那種微妙的心電感應，好神奇也好幸福，能看到媽媽的天使雲，是因為6月2日恩芳要我重照醫院照片，才能捕捉到媽媽來訪的身影！真是心有靈犀一點通，我們真是一對心靈相通的摯友。媽媽是不是在我們6月2日通話的當下，就在異次元時空聽到我們的對話，連夜趕到我在日本的醫院呢？媽媽早早就等在那裡，要讓我的同事拍到，好讓我放心。

另外，6月23日收到大陸朋友石姊告訴我，媽媽竟然穿越時空來到她的夢中。石姐來信原文如下：「心容，天下大奇事，前天晚上我先生因為肺部感染急診入院，一番折騰後已是凌晨三點多，精疲力盡，躺下就睡著了，後來就聽有人喊我，說是心容媽媽來看我，我非常高興但也很意外出門迎接（我未見過你媽媽，所以她借用我媽媽的形象出現），一看是我媽媽，我問媽媽您從哪來的？心容媽媽呢？她都沒回答，笑笑就走了。所以我今天給你發訊息想問問你媽媽的情況，沒敢問，你說怎麼回事？心容不要難過，你媽媽沒受罪，走得安詳，是很好的福氣！希望她老人家在天堂安康！你好好保護自己，這是你媽媽最期望的！」媽媽妳好神奇，妳透過石姐的夢境告訴我妳很好，我就安心了。

接下來，7月23日因緣俱足的時機到來了：心容、恩芳與音怡我們三人終於第一次見面，彼此一點也不陌生，好像已是認識很久的朋友。這次見面我們把台灣、美國、韓國與日本找到的十多本史威登堡的書好好研究與討論，再加上義擎的鼓勵，我們四人決定要一起撰寫一本書，分享給世人：「靈界存在於基督耶穌創造的世界之中，天堂就是人類終極的故鄉。」希望這本書能讓人重新認識靈魂與永生、定下人生的目標，在世時，要好好愛神、愛人以及行善，這樣或許人人都能上天堂，也都能在天堂永遠幸福快樂。

因為我要製作章媽媽追思紀念文集，所以 7 月 30 日收到家人與諸親好友對天使雲的迴響四則，原文如下：

- ◆ 照顧媽媽八年的二哥義擎觀察天使雲之後說：「超善良樂助人的媽媽，幾乎沒有經過中陰界，不到兩天內就升天了。」
- ◆「感謝主，章媽媽的天使雲可以療癒人心，是很好的天堂見證！」
- ◆「哇！好真實的形象啊！章媽媽的天使雲，真的是獨一無二。章媽媽的容貌、身形俱足，容貌宛在，永存於心。」
- ◆「聽到章媽媽過世的消息，非常感傷，那幾張天使雲的照片真的不可思議，表示她已在天堂安息，啟示您繼續努力的往前走，向著標竿直跑。媽媽和您一樣不管是二十或五十歲或是後來看到她，都是那麼美麗、慈祥及氣質高雅。」

無獨有偶的是，在地球的另一端，也有同樣的奇蹟發生：
英國女王的天使雲出現了。

2022 年 9 月 8 日，電視新聞傳來英國女王伊莉莎白二世辭世的消息，震驚各界。享壽 96 歲的女王，備受英國民眾愛戴，如今突然逝世，英國民眾們除了震驚，還有說不盡的哀傷，哭泣、傷心也不足以表達不捨之心。

然而，神奇的事情發生了。就在英國女王辭世後兩個小時，在英國西米德蘭茲郡（West Midlands）特爾福德鎮（Telford）上空，民眾發現天空出現了酷似女王戴著帽子和珍珠耳環側臉的雲朵，有位英國民眾說：「這是女王給我們的信息，一生奉獻給英國的女王，在天堂遙望我們，仍然與我們同在」。

東西方同時空，台灣的章媽媽與英國女王這兩位同樣以 96 嵩壽安息、備受家人及世人愛戴的女士，所創造的天使雲奇蹟，正是彰顯了：不論你是一介平民或貴為一國之王，人在過世之餘，不分國界、人人平等，同樣都可以透過天上的雲彩告訴後人，她們正前往天堂，肉體雖然不在，靈魂會轉換成一種形式，能夠在天堂永生。

史威登堡說：「死亡並不是結束，死後有另一個世界存在。我們都會去到適合我們的新天地，新天地很美好，那就是天堂靈界。」他的話語深深的安慰了世上所有遭逢親友摯愛離世之痛的人們，不再恐懼死亡，而是對未來充滿了愛與希望。

出版緣起

一段奇妙的緣分，踏出探索生命的起點

我們四個好朋友（義擎、心容、恩芳與音怡）會聚集在一起，共同編寫完成這本書，完全拜史威登堡（Emanuel Swedenborg，1688-1772）之賜。

史威登堡以「通行靈界的科學家」為世人所推崇，他生於距今三百多年的瑞典，同時擁有科學家與神學家雙重身份，被視為足堪比肩牛頓的天才科學家（比牛頓小四十五歲）。他在一七四五年，五十七歲時經歷靈界體驗，因為上帝賦予他一項特殊能力，此後二十七年間，從科學家轉變為神學家，多次自由往來於靈界（關於神學與靈界的著作有二十多本，總計數百萬字，有諸多書籍手稿目前珍藏於大英博物館），是史上第一位具有「靈魂離體」經驗的人，能夠將靈界與天堂地獄描繪得鉅細靡遺，他以科學觀點來分析自己的特殊靈界體驗，是為了幫助人們認識什麼是生命，克服對死亡的恐懼，希望能將自己的靈界體驗真相與人生道理傳播給世人。

給世人最好的禮物

史威登堡被賦予天命通行死後世界，並且回到人世間傳播見聞，影響無數人至今；逝世後的二百五十多年來，他的著作和觀點被視為「人類遺產」改變了無數人，可以說是給世人最好的禮物。

許多世界名人對史威登堡都十分推崇並深受影響，包括海倫・凱勒、康德、歌德、榮格、卡萊爾、愛默生、老羅斯福總統、鈴木大拙、科南・道爾等等。他獻給後世最偉大的寶藏是：讓世人知道死後的靈界世界確實存在，世人要努力愛人行善才能進天堂，不要因為受惡靈影響或自己的無知而落入地獄——在人世間就要愛神愛人、多多行善，不斷付出愛的人，才能上天堂。天堂在天上，通向天堂之路卻在人世……

我們分頭一起收集史威登堡中、韓、日、英的相關書籍及後人根據他的著作所做的 YouTube 影音資料，並不時交換研讀後的心得。他影響了很多人不再畏懼死亡，而是想要更積極期望自己在有限人世間的生命，能傳播更多的愛與美德（仁愛、喜樂、和平、忍耐、恩慈、良善、信實、溫柔與節制等等）。

不再恐懼死亡，獲得內心平安

史威登堡強調的是靈界與天堂的美好，依據上帝的安排，能夠「愛神愛人」與「努力為善」的人才能去到更上層的靈界、更美好的天堂。對於那些擺脫不掉心底七宗罪（傲慢、嫉妒、憤怒、怠惰、貪婪、暴食與色欲）或「愛恨貪嗔癡」與無法努力改正的人或靈，將無法上達高層靈界與天堂，留在靈界對祂們來說很痛苦，也可能危害善靈，所以上帝讓祂們去地獄。惡靈常常需要同溫層來取暖，地獄就是祂們的同溫層，祂們去到地獄就是因為沒有從心修行，沒有擺脫愛恨貪嗔癡，沒有改過向善。所以了解靈界種種善惡實況，讓我們不再害怕死亡，而是可以找到內心的平安，有了永生的盼望。

史威登堡說，人只能擁有肉身一次，沒有所謂輪迴幾世，更沒有生生世世與某人愛戀糾纏這回事。如果兩個人的性靈合不來，那麼勉強在人世時共度幾年或幾十年後，未來進入靈界後，可以各自尋得適合自己的靈性團體而無需再相見。這一點讓許多受苦於人際糾紛、甚至為此想輕生的人有了救贖，知道這些折磨人的人際關係在靈界與天堂都不復存在，未來能看得到曙光，就會讓人有能夠再撐下去的力量。

在親友離世的痛苦中，看見愛與希望

如今，第一本由台灣人根據在台北及日本的親身經歷與匯整史威登堡中外相關靈界見聞的專書於焉誕生，希望這本書能讓華文世界的讀者，重新認識靈魂與永生、訂下人生的目標：在人世時，要努力愛神、愛人如己，努力行善，遠離惡人惡靈，那麼人人都有機會上天堂，也都可能在天堂永遠幸福快樂。因為，你在人世間的行為舉止，關係著你未來能夠上天堂或者下地獄，上帝會依你在人間的「愛的成績單」，決定你的未來之路。

我們原本只是私下分享給諸親好友的文字，如今感謝好友們鼓勵，我們透過出版成書的方式，開始了史威登堡的研究與探索之旅，希望公諸於世，廣為流傳。

期待這本探討人生意義、生命終極議題：生與死、天堂與地獄的書籍，能夠對深陷親友摯愛離世痛苦的人或正在經歷生命不順遂過程的讀者有所啟發，帶來愛與希望。研究史威登堡的歷程，是一段奇妙的緣分，謹獻給所有的讀者，願大家都能進入天堂得到永生，感受到無止盡的愛，這是一生的寶藏。

CONTENTS | 目錄

前言

章媽媽的天使雲，開啟史威登堡的研究之旅

二〇二二年是個哀傷的一年，新冠疫情肆虐全球尚未停歇，因防疫而緊繃的心已開始疲乏，在疲累之時想念起因防疫而相隔遙遠、長久未能見面的親人與好友，讓心情更加鬱悶。

二〇二二年六月一日，本書作者之一的章心容接到二哥義擎的電話，帶著焦急的心情從日本匆匆返台，為的是要探望幾天前住進醫院、

高齡九十六歲的媽媽章女士。心容是趕回來了，但是因為台灣當時還未放寬防疫政策，從海外返台的人都要居家隔離，就在開始隔離的隔天、也就是六月二日，章媽媽卻與世長辭。雖然心容深信媽媽知道女兒回來看她了，但是無法見到媽媽最後一面，卻也令心容、義擎和家人們悲痛萬分。

天使雲的身形，像極了媽媽年輕時的樣子

此時的心容，除了傷心未能見到親愛媽媽的最後一面之外，仍惦記著一件事，那就是先生家族正為公公撰寫的百年冥誕紀念書，書中還需要一張自己日本醫院的照片。在六月二日，她就順手提供出版社總編輯

林恩芳一張回台之前匆匆照的照片，但是恩芳看過照片，發現這張照片上有黃昏路標的陰影，會影響紀念書裡照片的美感，希望重新拍攝一張照片。當時人已在台灣的心容只好託日本的同事重新拍照。

沒想到隔兩天心容看到醫院的同事，在六月四日重新拍攝、傳來的照片之後，察覺到照片中有一個不尋常的景象：在醫院的上空竟然出現一朵有著天使身形的雲，非常不可思議。

心容從來沒有看過自己醫院上空有這樣的雲朵，也不知道雲層怎麼會有這種奇妙的線條。她仔細看了一遍又一遍，臉龐與身形越來越清晰、越發有一種熟悉感，因為畫面中雲朵天使曼妙的身形，竟然像極了媽媽年輕時的樣子。

見證天堂與靈界的存在

照片裡的天空右上方還有一道彩色光束射下，彷彿天堂傳遞下來某種暗示的訊息，難道這是要召喚母親安返天堂？心容推算了日本同事拍照的時間與台灣當時家裡的情形，那時正是媽媽安息主懷四十小時之後，她恍然大悟，深深相信這是媽媽要來跟家人道別的方式，媽媽正現形在心愛女兒的醫院上方守護著大家，並且即將到天堂，這張照片安慰了失去至親而傷痛欲絕的義擎和心容兄妹心靈，似乎也見證了天使與天堂的存在。感謝主！哈利路亞！

真的太不可思議了！這個時間點，似乎就是六月二日恩芳請心容重新再拍一張照片、心容再請日本同事拍來一張之際，好像章媽媽當時的靈在兩人旁邊，聽到了這個訊息，連忙超越時間與空間的隔閡，來到了她從來沒到過的女兒醫院。在晴空萬里的日本天空下，竟然拍到了像媽媽扇子舞姿的天使雲。當六月四日照片從日本傳來時，心容和家人們頓時心中有了安慰，媽媽不是消逝不見了，媽媽正在前往天堂的路上，在前往天堂之前，來到最掛心的小女兒心容在異國的醫院，為的是向分散於台灣與日本的所有家人好好道別，那美妙線條的雲朵彷彿正在說著：

「媽媽很好，媽媽正跟隨著主耶穌前往美好的天堂。」

無獨有偶的是，在地球的另一端，也有同樣的奇蹟發生！

英國女王的「天使雲」安慰人心

二〇二二年九月八日，電視新聞傳來英國女王伊莉莎白二世辭世的消息，震驚各界。享壽九十六歲的女王，備受英國民眾愛戴，如今突然逝世，英國民眾們除了震驚，還有說不盡的哀傷，哭泣、傷心亦不足以表達不捨之心。世界各國人民也同樣震驚，紛紛表達了哀悼之情。

然而，就在各界震驚與哀傷之時神奇的事情發生了。在英國女王辭世後兩個小時，英國西米德蘭茲郡（West Midlands）特爾福德鎮（Telford）上空，民眾發現天空出現了酷似女王戴著帽子和珍珠耳環側臉的雲朵，有一位英國民眾說：「這是女王給我們的信息，一生奉獻給英國的女王，在天堂遙望我們，仍然與我們同在」。

章媽媽與英國女王這兩位同樣以九十六嵩壽安息、備受家人及世人愛戴的女士，所創造的天使雲奇蹟，正是彰顯了：不論你是一介平民或貴為一國之王，人在過世之餘，不分國界、人人平等，同樣都可以透過天上的雲彩告訴後人，她們正前往天堂，肉體雖然不在，靈魂會轉換成一種形式，依然永在，安慰了世人與親人。

探索生命的大哉問

回頭談本書的緣起。

二〇二二年六月中旬，心容剛因喪母之痛偶然又看到多年前看過、一部在YouTube點閱率頗高的史威登堡影片，她也在第一時間傳給恩芳。透過這部影片，恩芳第一次認識了史威登堡。他是瑞典人，十八世紀歐洲的傳奇人物，精通科學、數學、發明、天文、哲學、生理等二十多個不同領域，他的成就比肩達文西與牛頓，被視為天才科學家，而且在神學領域聲名卓著。最特別的是，他同時是一位通行靈界的科學家，他在五十七歲時，因為上帝賦予的特殊能力有了靈界體驗後，搖身一變成為靈能者、神祕學家。根據他的著作《靈界見聞錄》所述，在那之後的二十七年間，他都能自由進出靈界、置身於天堂與地獄，而且將過程詳細記錄下來。他在書中寫道：「任何人要代替我所研究的科學項目，那是易如反掌。但靈界的真相可不是單純的學問或知識，那是關於永恆生命的大哉問。」

耳目一新的靈界見聞

心容說關於史威登堡的靈界見聞，她在幾年前就在YouTube看過，當時就覺得耳目一新，因為從小到大，沒有人談過這些事，學校當然也不會教，如今遇到媽媽甫過世就深刻感受到史威登堡在生死、靈界的見聞，在此時此刻多麼的撫慰人心，而且死亡並不恐懼，反而有了永生的盼望。

心容與恩芳當下就很希望能把史威登堡介紹到台灣，後來在七月，恩芳與多年不見的好友音怡，在此時竟然好像心電感應般的，也同時興起了要聯絡對方的念頭。就這樣，我們三人好像桃園三結義一樣，如今再加上義擎的鼓勵，這段與史威登堡的特別機緣，使我們相聚在一起要共同完成這本書。

如今我們四個好朋友，一起親身經歷了章媽媽以及英國女王的天使雲見證以及研究史登威堡的不可思議旅程，這二年多來所發生的事都超乎我們的想像，心中充滿了感謝。

現在就邀請所有的讀者，一起進入到本書的世界中，讓我們一起尋找生命的答案！

第一部

•

解鎖史威登堡的靈界見聞密碼

通行靈界科學家的證言，真實的靈界體驗大公開！人過世後只不過是將衰老的肉體留在物質界，讓凋零的肉體回歸塵土，而肉體裡的靈擺脫肉體的枷鎖，會自由自在地前往靈界，永居於適合這個靈的永恆新天地。

第一章 人過世後就消逝了嗎？

人人都想青春永駐、長生不老，自古至今不管投入多少時間、人力與資金，還是無法找到長生不老的方法或靈藥。大家都希望和心愛的人常相廝守，永遠不要分離，但是只要一方過世了，就會被迫分開兩界。

人，終究會離開肉身，離開這個世界，直到過世的這一天。

人過世後會去哪裡？是否就像一抹輕煙一樣，消逝得無影無蹤？或是，有機會留住永恆的靈魂？

靈魂是什麼？靈魂會停留在浩瀚宇宙的哪個角落呢？

當嬰兒呱呱落地後，大家莫不想觸摸或擁抱這個充滿希望、軟軟嫩嫩的新生命，這種物質的觸感令人感到幸福，感受到生命的誕生。

生命是令人喜悅的。

這個生命經過萌芽、展枝，然後逐漸茁壯進而枝葉茂密，此時正是生命最顛峰之際，大部分的人應該很少會思考死亡、思考靈魂這些人生議題。然後再過幾十年歲月更替，年紀增長、體力衰弱，逐漸邁向凋零，而後死亡。

這是我們熟知的生命歷程。但是，人真的在過世後就消逝無蹤、不再存在了嗎？那個曾經叱吒風雲的肉體腐朽了，靈魂也就這樣從此消逝在宇宙中嗎？

美好的新天地——天堂靈界

對於人過世後的情形民間有很多傳說，但是沒有一個說法能真切說得明白。

如果人過世後一切就煙消雲散的話，我們在世時何苦要拼命奮鬥？為何要努力約束自己、勉強自己去忍受世間的不公不義還要做個好人？人生苦短，反正死後一切都不存在了，不是嗎？

不，不是這樣的。史威登堡說：「死亡並不是結束，死後有另一個世界存在。我們都會去到適合我們的新天地，新天地很美好，那就是天堂靈界」。

史威登堡是誰？為什麼他會這麼說？天堂靈界是什麼？

史威登堡並非信口開河。

史威登堡是十八世紀著名的瑞典科學家，在當時的歐洲被視為是大科學家牛頓的接班人（比牛頓小四十五歲）。他的父親被瑞典女王任命為首都斯德哥爾摩史卡拉大教堂的主教，從小在基督教氣息濃厚的家庭中長大，父親深切期待他能傳承衣缽也當個牧師。但是史威登堡從年輕時就醉心於科學研究，專研數學、物理、天文及生理學等，他喜愛的是

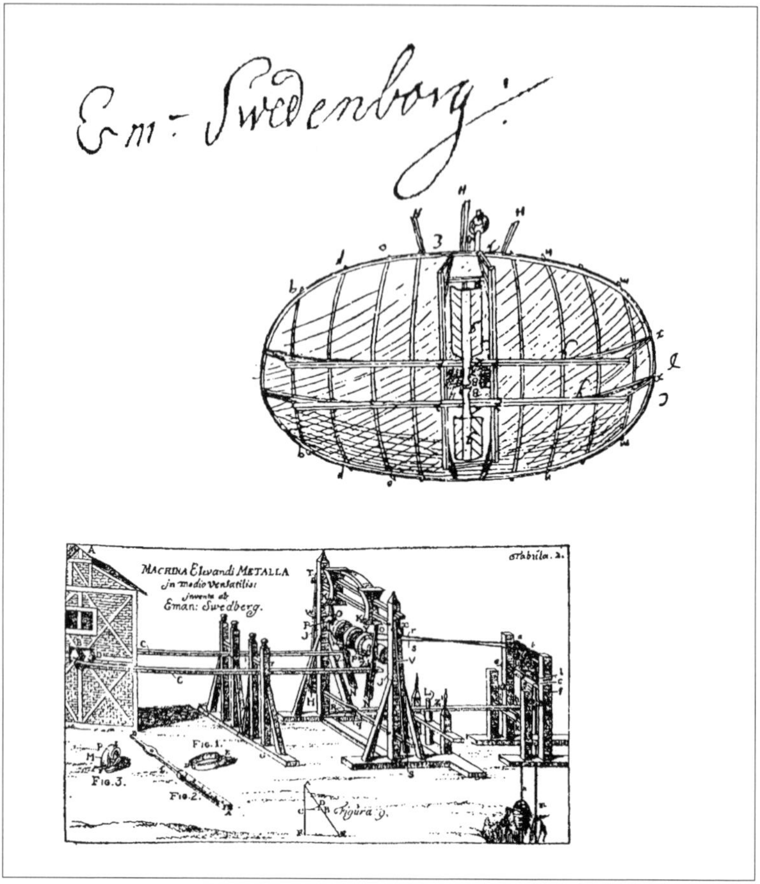

史威登堡的科學發明設計圖

左上字跡是史威登堡的親筆簽名
上圖：滑翔機類型的飛行器
下圖：由史威登堡獨自設計的礦場設備與機器

科學的實證精神。

然而，充滿實證精神的史威登堡在五十七歲時的某次倫敦之旅，被上帝賦予了特殊能力，發生了不可思議的經歷，這個親身經驗竟然讓他完全轉變成一個宣揚天堂靈界的傳道者。

後來他從自身的經驗出發，輔以長年的科學邏輯訓練，撰述了好幾本的《靈界見聞錄》告訴世人：死亡並非結束，靈魂雖然不具物質的形體，但是靈是不滅而永恆存在的。不滅的靈就存在於我們身邊的天堂靈界，過世的人們其實就在身邊，只是隔著一道無形的門，讓我們這些凡夫俗子看不到這些靈魂。

史威登堡看得到這些靈，他在倫敦的那個不可思議經驗就是被天使靈帶去靈界一遊，讓他見識到靈界是真實存在的。由於他深厚的科學訓練，他檢視了靈界的構成與原理，並且將他的所見所聞記錄下來，如今，他的這些著作的部份手稿，還被珍藏在大英博物館中。

死亡：靈，擺脫肉體，前往靈界

史威登堡告訴我們：「在我們以肉體感知、理解的這個世界的反面，其實有個靈界存在，就在我們身邊，和我們的世界緊密連接，就像是硬幣的兩面一樣。人過世後只不過是將衰老的肉體留在物質界，讓凋零的肉體回歸塵土，而肉體裡的靈擺脫肉體的枷鎖，自由自在地前往了靈界、永居於天堂，來到了適合這個靈永生的天地。」

所以，史威登堡說人過世後並不是消逝，靈會永久存在。還擁有肉體的我們是住在肉身裡的靈；死亡，不過是從此不再使用肉體這個工具。死亡，是靈擺脫了肉體，啟程前往靈界罷了。

那麼我們所看到的「雲彩異相」，是否就是我們親愛的家人朋友過世後的靈魂顯現了呢？可以這麼說：因為剛過世的靈還保留人世間的習慣與留念人世間的事物，祂們會前往靈界最前哨的「精靈界」，那裡是最靠近人世間的地方。在那裡，讓祂們慢慢了解自己的變化，理解靈界的運作後，就會漸漸地前往適合自己的新天地。

或許有人感受過幽靈，有些幽靈已經離世很久很久了，但是還是留戀著人世，不時出現在與人類共存的世界。這又是為什麼呢？在精靈界停留的時間，是依每個靈的狀況而異，早一點接受自己已經過世的事實且悟性高的靈，可以早一點進入到下一個階段，某些放不下的靈就得多花一點時間。

所以，還留在人世的我們，或許不要讓過世的親友太掛心，可以心中祈禱，讓祂們早日安心的前往更美好的靈界。

第二章　我們人類也有靈嗎？

前面一直提到靈，靈到底是什麼？死後才會有靈嗎？有靈才能去靈界，才能前往天堂嗎？

靈魂就像人類的心情，我們能感受到自己與他人的各種不同心情，但是心情沒有形體，所以人們看不見心情。我們是以心情表現在臉上時的物理變化來感知對方的心情，所以用心情為例來說明靈的存在是最適合的。

當某人臉上的肌肉緊繃、眉頭深鎖，我們可以明確知道對方在生氣；當我們看到對方眼睛笑如彎月，嘴角露齒上揚，就會明白對方是開心愉悅的，我們看不見對方的心情，但是卻能確切明白對方的情緒。這些肌肉的變化其實就是靈魂在控制著我們的肉身，而擁有肉體的我們只是住在肉身裡的靈。

我們看不見靈，但是靈存在於人類肉體中，透過支配肉體來表現出每個靈的特色與思想。靈和肉體的關係也好像地底下的種子和樹木一樣，我們看不見土裡的種子，但是因為看見了長出的大樹而了解到種子是確實存在並形成了大樹——所以生命的原理就是天理。

過世親友，在靈界永生

我們看不見過世親人的靈，但是知道天堂靈界與人世間是緊密相連，了解親人只是失去了肉身，以靈的形式永遠存在，相信能安慰不少痛失親友摯愛的人。

那麼我們擁有肉身的靈，和過世之後的靈有什麼不同呢？

活在依賴物質形體世界的我們，不只利用肉身，也利用肉身所產生的聲音、動作來做彼此的溝通與理解。但是，畢竟是透過物質面的間接溝通，常常會有誤解與不理智的情形，因而造成許多遺憾。

靈不一樣，靈是用意念直接溝通的，雖然靈也有語言也有文字，但是當靈想起某位靈，只要在腦海裡想著祂，那位靈的面容就會立刻出現在面前。雖然看起來是表象的幻影，但是這樣用意念呼喚別的靈，然後與他用意念做溝通，是靈界常用的方式。彼此之間不用語言及文字，無需轉譯，也無需猜測對方的真義，不會有誤解，是最真誠的溝通方式。

控制不住自己？千萬別被惡靈影響

肉身過世之後的靈，也具有支配我們人類靈的能力，那些靈可以進入我們的腦中，控制我們的思想，讓我們做出自己其實不想做的事，或是說出不是內心真心想說的話，尤其如果被邪惡的靈控制的話，就更明顯了。

常常聽到有人說：其實我並不想傷害某人，但是我就是控制不住自己，說出傷人的話、做出傷人的事……這些情形通常都是被惡靈所影響。

惡靈不只會影響人類的靈，也會影響過世後其他的靈，但是已經過世之後的靈比還有肉身的人類的靈敏感多了，比較容易自我察覺與自我控制，所以也比較不會受到惡靈的影響。

人和靈都要做的功課——行善與保有美好

因此，人類還需要透過更多的學習與努力去察覺自身、控制自己，才能不受惡靈的影響。從這一點來看又更加印證了，我們的世界和靈界其實是同一個世界，人世間會發生的事也可能會發生在靈界，只是善靈的力量與善的靈流，比人類更有力量去維持善與美。

行善與保有美好，是人們和靈都要做的功課。當我們還擁有肉身活在人世時，若能開始學習善與美，是最理想的。但是往往因為每個人的領悟力不同而產生不一樣的學習狀況與成果。當人們過世之後成為靈，會更加敏銳，對於善也會更加理解並開始力行。靈到了靈界之後，比在人世時有更強的領悟力與學習力了解道理與行善，這跟靈界環境有很密切的關係。

第三章　靈界真的存在嗎？是怎麼樣的地方？

前面提到，靈界並不是在距離我們很遙遠的地方，它就緊依在我們世界的旁邊，事實上靈界入口就在我們的周圍。或許有些人曾經有過這樣的經驗：隱隱約約感到身後似乎有人影，但猛然轉身並沒有發現任何異狀，或者在某個時刻有一種似乎來到異次元空間的特殊體驗——這就是你感受置身到靈界入口的門前了。

「日出而作，日入而息。」人生在世常常受到時間的束縛，隨著太陽運轉而有一定模式的作息。但是試著想像一下，當我們站在一片雪白的阿爾卑斯山頂眺望遠方，或是佇立在一望無際的沙漠中，或者是航行在看不到陸地的汪洋大海上，失去空間感也擺脫了時間的束縛，就可以跳脫日常的意識，而從眼前壯觀的景色感受到「永恆」的存在。

靈界：沒有時間與空間限制

在靈界的景象，就宛如人們因為目睹壯麗景緻而感受到永恆一樣，不會受到時間的束縛。在靈界，太陽會供應靈流讓靈充滿能量，這個太陽與人世的太陽是同一個，所以它不僅為靈帶來能量，也同樣照拂人世的人們，讓人們也能獲得靈流。靈界的太陽並不像地球上看到的太陽有公轉自轉，不受春夏秋冬和日夜的規範，在靈界，沒有時間及空間的限制。

那麼，在靈界就沒有春夏秋冬美景的流轉了嗎？還是有的。但是那被視為狀態的變化而非固定的型態，心轉境就轉。同樣的，在靈界也沒有空間與距離的限制，靈的意念到哪裡，空間就轉移到哪裡，自由自在、無拘無束。

但是，靈界雖然廣大無邊且沒有時間空間的限制，在天堂靈界的靈並不是我們以為的四處飄蕩，祂們也有固定的居所。祂們所居住的地方也像人世間一樣有個村落，那些村落就是各個靈團體所居住的地方。在同一個靈團體的村落裡，建築都十分相像，那是因為同個靈團體裡對於善與美的領悟與看法都相近，也才會屬於同一個靈團體。

不同靈團體的村落，就可能會截然不同。

也就是說，如果進入外觀看來是石造房子的村落，就會發現不論在村落裡繞來繞去都是十分相似的石造房子；如果是在一個喜愛木造房子的靈所住的村落，則走到哪裡眼前所見的也都是木造房子。

無論是石造房子的村落或是木造房子的村落都有各自的美，都能承接來自太陽的能量，過得快樂且美善。

天堂、靈界與精靈界

那麼，既然靈界的太陽會為靈帶來能量，讓靈更有力量去保有善與美，那為何會有惡靈呢？

這就必須先談到天堂靈界的構造了。靈所在的世界包括了最上層的天堂、中間的靈界及精靈界，當然還有惡靈所居住的地獄。除了精靈界之外，天堂、靈界和地獄又各分成三層。

剛過世的靈首先前往精靈界，因為剛過世的靈常常還未認知自己已過世，也有很多靈對人世還有很多眷戀，所以先暫居這個精靈界。

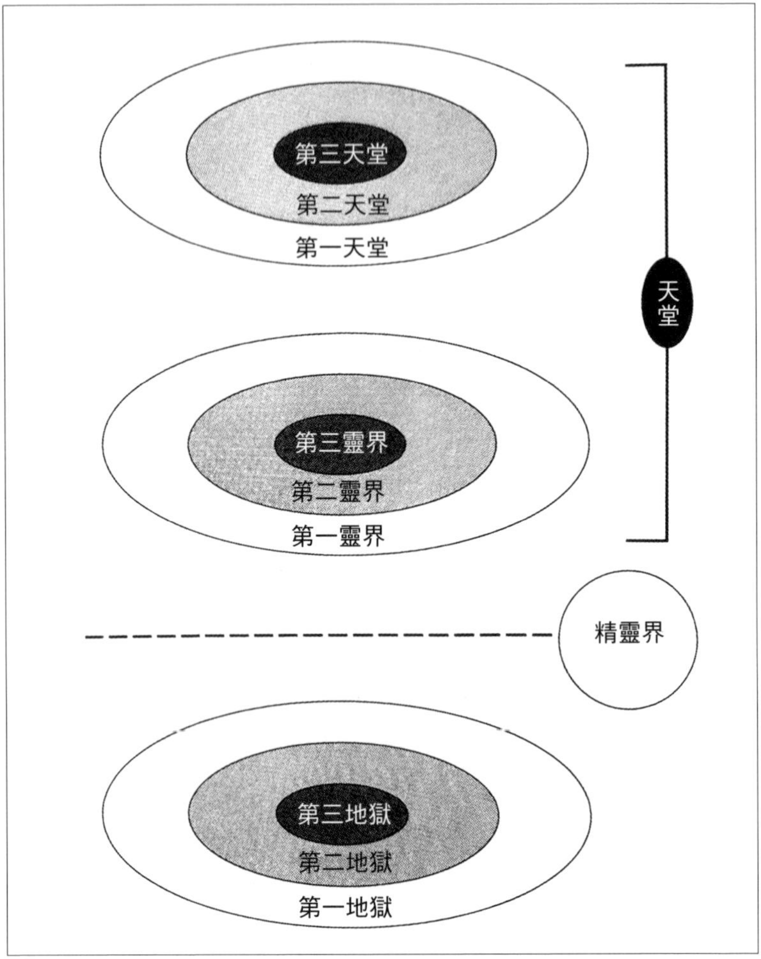

靈界的分層

無法改過的惡靈，會到地獄

在精靈界裡，靈要學習接受自己已經不再擁有肉身，要學習放下在人世的執念。同時在這裡，會有很多靈的團體來與新加入的靈做交流，看看這位靈的靈格（就像我們的人格）是怎麼樣？有什麼特性？以決定未來這位靈是否加入自己的團體？說白了就類似人世間裡大學在新學期開始時社團會招募新生那樣。

同時，當新的靈在精靈界的這段時間，也是上位的靈觀察祂們是否適合前往天堂？還是進入靈界？甚至於無法改過的惡靈必須讓祂到地獄去。

先不談可怕的地獄，因為大家對於地獄的可怕程度或許都能想像，天堂和靈界又有什麼不同？前面提到天堂和靈界又各自分成三層，這總共六層的世界到底有什麼不同呢？

正能量的靈流

在談到天堂、靈界和地獄之不同前，我們先來看看這三個地方的能量來源。不只這三個地方，也包括我們所在的人世間，能量來源的根本都是靈界的太陽。

靈界的太陽遠遠高掛在任何層級的世界之上，它的光源直接照射在天堂，為天堂帶來直接的靈流，所以在天堂的靈可以直接承接太陽強大的能量，天堂分三層，這三層所接受的直接靈流強度也稍有不同。最上

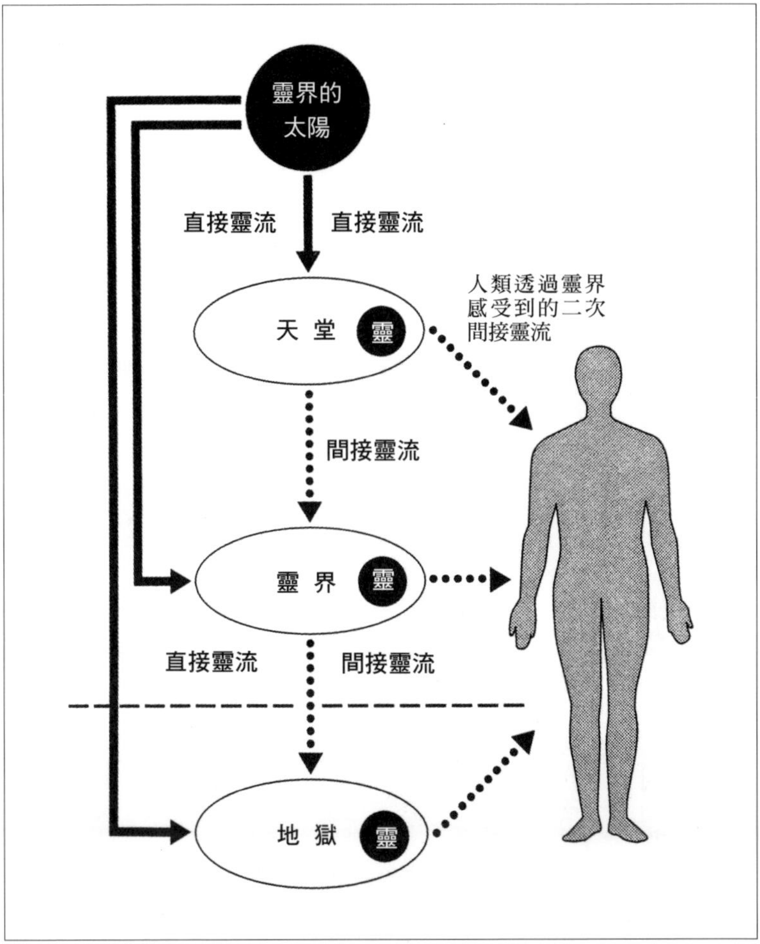

靈界的靈流與人類

人類在人世感受到的靈流，其質與量都比不上在靈界所能感受到的強度。

層的天堂承接了最強大的能量，如果不是有資格到最上層天堂的靈，可能還承受不住這樣強大的能量。接著第二層的天堂，從太陽得到的能量比最上層的稍弱，第三層的天堂則又比第二層更弱一些。

靈界位於天堂之下，承接了部分直接來自太陽的直接靈流以及從天堂透下來的間接靈流，所以想當然爾，在靈界所得到的靈流強度就不如天堂來得強，但是這靈流強度是適合各層靈界的靈能承受的範圍。

靈界的太陽也照拂著地獄，地獄如同靈界一樣，承接了部分直接來自太陽的直接靈流以及從靈界透下來的間接靈流，但是強度又更弱了，這樣的安排並非是棄地獄內的靈而不顧，事實上這是因為地獄裡的靈無法承受太多正能量的靈流，其實是神最好的安排。

第四章 史威登堡靈界體驗大公開：那一天，我來到了靈界……

十八世紀赫赫有名的瑞典科學家史威登堡，自年輕時期起只專注於科學研究，這樣一位追求科學實證精神的人如何發現靈界的存在？原來，那一天他聽到上帝對他說話……人生從此完全改變。

話說已經以科學家身分活躍已久，且邁入五字頭歲數的史威登堡在一七四五年某次訪問倫敦時，在下榻旅館附近的餐廳用餐。不知怎的，平常飲食很節制的他這天卻吃得比平常還多，就在此時他突然覺得用餐的房間裡湧出一股蛇和癩蛤蟆等生物的噁心味道，正覺得不舒服時，某個他從未見過的人物突然現身對他說：「你吃太多了吧？」說完這話後，那人物就消失不見了，這是史威登堡第一次和靈接觸的經驗。

隔天夜裡，史威登堡又見到那位奇異的人物，那人對他說：「我是來陪你前往靈界，去與靈接觸，去了解靈界，然後你要將你在靈界的所見所聞告訴世人。」

告訴世人靈界真相

原來，史威登堡是天選之人。神選中他，要他運用科學的能力與精神，學習「模擬死亡的技術」，在保有肉身不受影響的情形下讓他進入靈界，見識靈界、與靈交往，而後將靈界的存在告知世人，讓世人不要害怕死亡並好好運用肉體做好人行善事，以便讓人們在死後都得以進入更高級、更美好的靈界。

因為史威登堡從小在有深厚基督信仰的家庭長大，再加上長年的科學訓練，他在靈界的所見所聞都能很快理解、了然於胸。

史威登堡對於自己所賦予的任務沒有推辭與質疑，他還在世時便已經努力宣揚他在靈界所見的各種事蹟，努力告訴大家靈是不滅的，靈界是真實存在的。他告訴世人靈界的美好，以及我們要如何在人世做善事，才能讓自己在死後進入美好的靈界。

靈界——真實而確切的存在

史威登堡曾經應自己母國瑞典女王的要求，在大眾面前應用自己所習得的「模擬死亡技術」進入靈界，與從未見過的靈見面，問到瑞典女王從未公開的信息。也曾經進入靈界與前荷蘭外交官的靈相見，以幫助荷蘭外交官的遺孀在夫婿死後解決債務問題。

他之所以答應這些看似「綜藝表演」的要求，目的就是要讓大家相信他真的能進出靈界，而靈界也是真實存在的。

當時還發生一件令大眾感到驚異不已的事。在還沒有電話等現代通訊設備的十八世紀，史威登堡曾在一趟從英國回到故鄉斯德哥爾摩的路途中停留於哥特堡（瑞典西方都市）時，清楚看到斯德哥爾摩發生大火，他看到火勢如何蔓延並即將延燒到自己住家。雖然他十分驚慌並擔心自己的家就快被燒毀，但是當時跟他同行的人們都不相信他，還以為史威登堡是太累了而恍神做夢。等他們回到家鄉發現真的發生過火災，而且一個月後，斯德哥爾摩市長的火災勘驗報告，證實當時遠在四百五十公里外的史威登堡所言不假。

以上這些事蹟，就已經讓當時歐洲的人們深信史威登堡的確具有特殊能力，可以自由進出凡人所看不到的靈界，所以就有某些人會對史威登堡提出置疑或過分的要求。例如，在某次聚會時他拗不過旁人的要求，而清楚說出某人的死期，但是當史威登堡一說出答案還被大家嘲笑，因為他說的那個人是在場最年輕力壯的一位。不過，當隔天那位年輕男子的死訊（被發現死在床上，死因是心臟痲痺）傳來後，就沒人笑得出來了。

死亡——就像去度假般快樂！

史威登堡知道這樣並不妥當深感懊悔，就再也沒答應過這樣無理的要求，唯一例外的是，他在與某位牧師的書信往來中，預告了自己離世的時間：一七七二年三月二十九日；後來，他真的確實是在那天安詳離世的。史威登堡最終在他自己預言的那一天走到人世的盡頭；他以八十四歲高齡辭世，因為已經預知自己離開人世的日子，感到很輕鬆自在並留下了最有名的一句話：「死亡，就好像『去某個地方度假一樣快樂！』」。

以上種種事蹟都讓當時的歐洲人相信：史威登堡所宣揚的靈界，是真實而確切的存在。

史威登堡說：「任何人要取代我所研究的科學項目，那是易如反掌，但是上帝賦予我的這個使命：探究靈界的真相，把這些見聞告訴世人，就不是單純的學問或知識，那是關係『永恆生命』的大哉問。」他為了讓世世代代的人都能了解靈界的存在與事實，最終把二十多年來進出靈界的所見所聞全部寫成八大冊、數千頁的《靈界見聞錄》（完成於一七四九至一七五六年間），這些珍貴的書稿不僅大部分被慎重保存在大英博物館，現在也在世界許多國家以不同語言文字流傳著。

第五章　史威登堡為何從科學轉而研究靈界？

本書一開始就提到史威登堡原先是個科學家，卻在享有盛名的中年時期突然生涯大轉彎，放下科學，轉而研究靈界及向世人宣揚行善以便成為善靈。到底是什麼原因，讓史威登堡有這麼大的轉變呢？

史威登堡出生在瑞典一個傳統基督教家庭，父親是傳道的牧師。本來父親是希望他能繼承衣缽也當個牧師，但是從年幼時就很有自己想法的史威登堡忤逆了父親，選擇了當時新興的流行時尚——科學。史威登堡說他在父親眼裡就是一個「去搞甚麼新潮、但粗俗下賤的科學不肖子」，即便如此，史威登堡還是堅持要研究科學，也自行想辦法籌措學費，為的是能去當時最先進的國家英國留學。

科學，也難以滿足求知慾

當時的學者或科學家並沒有像現在分科分得如此精細，史威登堡所涉略的科學範圍涵括了生理學、解剖學、分子生物學、有機化學、無機化學、物理學和天文學等等，一言以蔽之，就是現在理工學院和醫學院裡的課程全都是他專研的領域。另外，身為一個常常往來各個不同國家的歐洲人，語言能力優異自不在話下，除了母語之外還會說英文、法文、荷蘭語、德語、義大利語和拉丁語，除此之外還潛心研究生理學與哲學。

史威登堡精力充沛的研究了這麼多學問，但是越深入研究科學卻越加感到內心的不滿足感。他在研究了天文學後的四十六歲時寫了一本《宇宙生成論》，在書中他對宇宙的組成是這麼解釋的：

「形成宇宙的首要原因是有一種看不見的能量，其次是由純粹運動形成宇宙的四大要素：重力、磁力、化學物質醚類以及空氣，這四種要素相互作用，最後就形成了物質的宇宙。有人說物質是從一開始就存在，這是錯的，物質是從首要原因開始，經過好幾個階段形成四大要素之後的最終產物，而其根本是首要原因，也就是能量的純粹運動……」

生命的意志

這裡說得很簡要，或許大部分的讀者都無法理解，連在史威登堡在世的時代也有很多科學家無法理解，因而批評史威登堡的這個宇宙生成論不是科學而是哲學，但是史威登堡始終堅持這是他多年觀察後證據確鑿的推論。

史威登堡還在論文中進一步深入解釋：「我認為這個宇宙生成的首要原因背後有著一種意志，這種意志是一種『會思考要如何創造出什麼東西』的意志，而且這種意志有著無限的智慧及力量。所以其實可以說是這個意志做成了四大要素，然後進一步形成了物質的最終產物……」

在研究解剖學時，史威登堡所思考的方向也是被引導到一種看不見的力量。史威登堡認為在人體內血液供應心臟養分，而人類最高精神活動的大腦，是由大腦皮質控制，而大腦又有腦脊髓液來傳達神經活動，其間最重要的還是精神和神經活動，因為它控制了人體的活動。或許有人認為人體活動中最重要的是肌肉，但其實主導人類行動的不是肉眼可見的肌肉，而是其背後我們看不到的神經。而在神經之上還有精神與心志，這些也都是肉眼無法看到的。

宇宙難以窮盡

在研究生物學時，史威登堡看著雞與雞蛋，心裡思考著：「像雞這樣複雜的身體，是由什麼做出來的呢？看看雞蛋，其中並未有著小雞的模樣，並不是由雞蛋直接放大就可以長成一隻雞的。在雞蛋之中，應該隱藏著一種叫做生命的東西，或許應該稱為生命的意志也不奇怪吧？」

但是意志無法用顯微鏡看到，也不知如何才能夠驗證，這讓史威登堡越是深入研究，就越感到：宇宙何其浩大，人的一生何其短暫，難以窮盡；這是一種永遠了解不夠透澈的心情。

史威登堡在晚年回顧自己的研究生涯，他認為早年那種一直覺得宇宙難以窮盡的心情，其實是為後來研究靈界打下基礎，他在一七四五年在倫敦第一次進入靈界後的研究有了最終的答案，他立志要將他親眼看見的真相告訴世人，所以最終他將在靈界的所見所聞都寫成了八大冊的

《靈界見聞錄》。

史威登堡說當年自己是忤逆父親一心想要研究科學的年輕人，到了中年之後人生大轉彎，投入一生的夢想所做的事，最後竟然與身為牧師的父親接近，或許這一切都要感謝父親從小的栽培打下了好的基礎，正如《聖經》所說的「教養孩童，使他走當行的道，就是到老他也不偏離」。

第六章 靈界才有的獨特教育：純化心靈、提升靈格

前面曾提及：靈在靈界也需要學習天道原理與行善，要不斷純化心靈，以提升靈格。這些學習是透過在靈界的獨特教育活動學會的。

或許有人會哀嚎：「人生在世，已經不斷的受到制式教育的荼毒，扼殺了學習的意願，難道過世之後，到了靈界還要繼續受害？」其實靈界的教育，不是我們凡人所想像的那種單向灌輸的教育，主要是啟發靈去思考、澈悟天道原理，而且絕非是人世間那種設計不良的填鴨教育。

努力修鍊，變得更好

在靈界，主要是透過靈團體或各個靈之間的意念交流來做學習，當然還有一些教育體驗活動。什麼樣的體驗活動呢？例如，為了讓某些靈體驗比自己所在的靈界更美好的上層靈界或天堂，有些靈會被帶到比現有層次更高的地方去體驗，做為激勵祂更加精進修練自己的動力。當然如果祂的程度還不足以體驗到更美好的世界，即便被帶到更高的世界，祂也只能看到自己程度的眼前世界。所以程度不足的靈，會以為其實上面世界也沒多了不起而滿足自己的現狀，不再努力修鍊自己，讓自己變得更好，因此會喪失提升到更高境界的機會。

這有點像人世間常以富有程度來評論對事物的品味一樣，常言道「貧窮限制了想像」，所以體會不到原來世間還有更高級的品味。當然，靈界追求的是天道原理的領悟而非物質上的追求，用這個比喻只是為了方便大家了解。

既然有讓靈往更美好的世界去體驗，也有讓一般的靈下地獄實際看一看的教育方式。到地獄的體驗也是讓靈對於努力修練自身的一種反激勵：修練自己、努力去了解天道原理或許並不是馬上就可順利達成，也許要花一點時間有耐心的學習，但是千萬不能放棄，如果放棄了就會像那些被上帝送到地獄的靈一樣，在地獄裡每天受邪惡折磨卻還甘之如飴而不自知。

這樣的激勵與反激勵也是要看情形使用，並非是常常有的活動。

千年一次的「天人之舞」

在靈界，有各個靈本身固定做的常規活動，也有視情形而隔一段時間才舉辦一次的活動，甚至還有千年才能體驗到一次的最高慶典，那就是「天人之舞」。

在史威登堡的靈界體驗中，就有幸曾看過「天人之舞」：

「天人之舞」一開始，是太陽來到比平常更高遠的天空中央，比較敏感的靈在此時就已開始察覺到不同，然後原先在天空中細如棉絲的雲慢慢的聚集起來，聚集在太陽周邊形成了圓，甚至把太陽給遮住了。這時候有些還搞不清楚的靈會覺得恐慌，但是下一刻太陽再度越過雲層散發出金色、銀色等更加璀璨的光芒，這是讓靈感受到十分舒服的能量。此時那些細如棉絲的雲，逐漸變化形成數十位靈的模樣後，再度變化成圓圈把太陽圍住，太陽則再度散發更大能量的光芒籠罩著整個靈界，最後整個天堂靈界都籠罩在最極緻的幸福氛圍之中。

這時候所有的靈都清楚認知到：「天人之舞」是靈界最高的幸福境界，但是這卻是千年才能體驗到一次的活動。

另外，因為靈在靈界還是有男女之分，所以也有男女情愛。當兩位靈情投意合到了互相認同、甚至可以合而為一的程度時，也會決定結婚，所以在靈界也會舉辦婚禮的活動，其熱鬧程度並不亞於物質界的人世婚禮，而且更加溫馨與感動。

在靈界的活動就像這樣豐富且多樣，讓天堂靈界的靈都過得幸福且滿足。

第七章　靈界裡的靈，如何用「心」溝通？

史威登堡在《靈界見聞錄》書中有提到一個例子，當某個靈獨自走在廣大草原時，突然覺得自己的心臟產生小小的脈動，就好像有個小小生物在祂的心裡，想要跟祂說話似的。當祂眺望四周，在遠遠的地方有個模糊的影子，看不清楚那影子的模樣，只覺得應該也是一位靈吧？

當祂心中一出現「難道是祂想跟我說話？」這個念頭，一瞬間之後，那位原本還在遠方的靈就已經來到眼前，可以清清楚楚地看透祂的長相，原來是在人世間認識了三十年的舊識，最近剛過世也來到靈界，心裡想念老友就來見老友了，這就是用意念溝通的一個例子。

用意念溝通，不會誤解

史威登堡說過：「靈界是一個公平的世界，沒有人種的差異，也不分東方人或西方人。像這樣用意念溝通的話，就不會有人世間常見的語言隔閡，因語言不通而造成誤解的情形。」

用意念就可以直接溝通，不用拐彎抹角的說客套話，也不用去猜對方這句話背後的真義，溝通時不會有冰山下的含意，是一種真正誠摯的溝通方式。或許有人會說那如果話不投機的時刻，或者不同意對方意見時不就很尷尬？在靈界，意氣不相投的靈根本不會在一起，而是分屬不同的靈團體。

雖然用意念溝通很方便，可以不用靠語言與文字，但是靈界還是有其獨特的語言與文字。

特有的文字與語言

靈界的語言、語彙數目或許不如人世間語言來得多，但是每個語彙中含有可無限延伸的涵義，而且有其獨特的語調與節奏，在靈界時間較長的靈在運用這些語言時，其抑揚頓挫會隨時變化讓人聽了覺得很舒服，史威登堡說有時候光注意聽祂們說話的聲音，反而會忘了聽說話的內容呢！如果用心仔細聽的話會發現，祂們的母音中出現「ㄨ」和「ㄡ」的頻率高，而較年長的靈也會多使用「ㄧ」和「ㄚ」兩個音，以延伸語言的涵義。

沒學過？意念讓你第一次就懂

史威登堡在書中曾提過，靈界有保存歷史文獻的圖書館，所以有屬於靈界特有的文字。就像靈界的語言一樣，單字的數目或許不如人世間的文字來得多，但可以無限延伸其含義。例如看似同樣的單字，只要斜度與筆順稍微不同，就是不同的意思了。

以整體來看，文字的曲線比人世間的多種文字都來得多，而且整篇文章看起來也似乎使用較多的數字。

曾經有剛過世進入靈界的靈，被帶領著祂的靈指示要唸出紙條上的文字，當下那位新的靈想：「我又沒學過這些文字，怎麼可能會讀得懂呢？」但是定心看看那張紙條後，竟然發現自己能懂上面的意思，真是不可思議。

沒錯，語言和文字是溝通的工具，溝通的本體是意念，當有了溝通的意念，即使是第一次使用都不妨礙溝通的過程，這才是一個「真」與「誠」的世界。

靈界就是一個溝通無礙，表達出「真」、「善」與「美」的世界。

第八章　人過世後，不想見的人都會進到同一個靈界再碰面嗎？

東方的宗教，不管是印度教、佛教或道教，都有輪迴的概念，說的是人在過世之後，會在不同的時空以不同形態面貌再回到這個世界，與他們說的冤親債主繼續糾纏，以消解不知何時所積存的前債與業障。史威登堡說：「天堂的靈界，沒有輪迴的概念，每個人此只有一次擁有肉身的機會活在人世。」如何珍惜一生的唯一機緣，活出更好的自己，成為每個人最重要的人生課題。

有些人常感到與原生家庭有無法解開的結，明明親人之間應該相愛卻變成總是互相傷害，想到肉身在世時已糾葛不清，身心俱疲，難道到了靈界還會生生世世在一起嗎？

珍惜一生一次的機緣

史威登堡眼見的天堂靈界又是如何呢？只要在世時沒有做到讓對方滿意，就會以另一個樣態再回到對方身邊繼續還債嗎？

史威登堡親身經歷的天堂靈界很不一樣。首先，沒有輪迴的概念，一個人只能有一次機會活在人世，只能擁有肉身一次；所以珍惜一生一次的機緣，是每個人共通的課題。肉身枯朽之後，就變換成永恆的靈。

因為沒有輪迴，所以更沒有什麼糾纏千萬年的冤親債主。和別人的緣分，不管是血親也好、萍水相逢的人也好，也就只有這麼一世的時間。當然，當雙方的品格水準與價值觀都相近時，又另當別論了。

靈格的良善，決定你上天堂或下地獄

還記得前面提到過：天堂靈界共分成天堂、靈界和地獄，而且各自有三層嗎？誰能到哪一個地方的哪一層，是上帝依祢的靈格善良程度來決定，在此階段就已經各自分道揚鑣了。即便在同一層的靈界之中還有許多不同的靈團體，當我們的靈到了靈界，不只是我們要找尋自己靈的歸屬，各個靈團體也會來試探新到來的靈，是否與自己團體屬性相合。所以在天堂、靈界沒有與前世冤親債主繼續糾纏這一回事，在人世價值觀不合、人品資質不同的人們到了天堂、靈界，上帝自然就會依程度及價值觀的不同而分開，各自歸屬於適合自己的團體。

所以在人世間時就算是有血緣關係的親子、兄弟姊妹以及夫妻，過世之後進入天堂靈界也不見得會再相聚在一起，那些在職場上、官場上相爭相鬥的人就更不用說了。只有屬性相同、靈格水準相等的靈，才會再度在靈界的團體裡相會。

那麼，找到所屬的靈團體後，是否就永遠待在那個團體呢？這也不一定。

了解天理，提升自己

即使是進入靈界、天堂的靈也要時時修練自己，要悟透天道原理，提升自己的層次，之後可以漸漸進入團體核心，進一步幫助其他的靈，也讓自己有機會進入更高層次的靈界。到了更高層次的靈界後，就會進入不同的靈團體，與其他的靈交流與學習，然後就有機會進入最高一層的天堂。

先前說過，在靈界靈的意念可以營造出自己想要的美好世界，所以靈的層次不同、看到的世界也就會不同。曾經有普通層次的靈進到更高一級的靈界去，但是他放眼所見仍是與自己所屬的那一層靈界一樣，他便認為更高一層的靈界也沒有更美好。事實上這是因為那位靈本身的層次並未提升，所以他只能看到他層次的世界。所以不管是人或靈都是需要努力了解天理、提升自己。

所以，我們不用擔心要生生世世與合不來的人相處，只要把握自己還在人世的時間，保持善心與好意的與對方相處，如果這樣能改善雙方的關係，讓雙方一起提升自己的品德，是最好不過的。如果這樣仍無法好好相處，或許轉念一想，就為了這一世的時間，忍耐一下也是值得的。

第九章　靈界裡的婚姻：能夠遇見「靈魂伴侶」，找到真愛嗎？

現在每天打開新聞媒體，都會看到一些男女情事糾纏不清而鬧上社會版面的新聞，也不乏原先相愛的伴侶在經過多年的柴米油鹽醬醋茶的折磨後，變成「相愛相殺」的怨偶，還會為了爭奪孩子而大打出手。真真讓人感嘆，短短人生數十個寒暑中，相愛相扶持的日子沒多少，相恨相埋怨的歲月卻占去人生不少的黃金歲月。難怪常常有人感嘆道：「說是姻緣，我看都是孽緣吧？」

在靈界有沒有這些男女情愛之事呢？有沒有像人世間這樣分分合合或是虐心又狂暴的男女情事呢？

放心，怨偶在靈界不會再見面

史威登堡的書裡提到：當人過世成為靈之後，在靈界會進入適合自己的靈團體，所以怨偶終於可以徹底分離，各自過著屬於自己的美好生活。那麼，原先在人世間看來感情還不錯，婚姻也能維持到最後的夫妻呢？也會分開不同地方嗎？

史威登堡進出靈界多年，自然看過人世間的夫妻，相繼離世進入靈界，這些世人眼中的正常夫妻到了靈界是否還是在一起呢？

靈界結婚和人世不同之處

史威登堡在書中，提過俄羅斯的伊莉莎白皇后與德拉加爾迪男爵在靈界結婚的情形。

伊莉莎白皇后是在一七六二年一月過世，而德拉加爾迪男爵則是早皇后二十年、也就是一七四一年過世的。皇后和男爵在生前雖然見過，但是並沒有深交。

皇后過世不久，在靈界孤孤單單的，沒有伴。後來遇見生前的女性親友，這位女性親友在靈界曾經幫皇后介紹可作為伴侶的對象，但是皇后都不喜歡。皇后本身在靈界還加入過俄羅斯人的靈團體，甚至在那個靈團體遇過俄羅斯國王，也就是皇后生前的丈夫，但是皇后並沒有選擇與前夫一起生活，而是選擇自己單獨生活，這一點頗讓人意外。

直到皇后遇見了德拉加爾男爵，兩人互有好感，也開始交往，最後終於在靈界結了婚，祂們是在一七六二年三月結婚的，也就是皇后過世後的兩個月。

伊莉莎白皇后在靈界遇見祂生前的丈夫，但是卻選擇不要繼續前緣，在某種意義上來說，這對人世間的夫妻在靈界選擇了離婚。當然這裡所說的離婚，並不需要像人世間那種手續。

為什麼在人世間原本感情不錯的夫妻到了靈界卻不一定能持續，而會選擇分開呢？那麼在靈界的結婚又有什麼不同的意義呢？

人世間的結婚有時候不光是男女兩人相知相惜相愛而已，世間常說要「門當戶對」，又說「結婚是兩家族的事」，這些種種考量讓男女不得不做出「最適合」的選擇，而非「最好」的選擇。更何況，在人世間的男女結婚還有一個重大的意義，是要繁衍下一代新生命。

若是夠成熟的男女即便不是互相深愛，也不會做出互相傷害或與社會常識不合的事情，但是僅僅擁有肉身活在人世一次的機會，就失去了與心靈伴侶共度的黃金時光，所以有些人世間的伴侶到了靈界會選擇走各自的路。

靈界婚姻，回到青春的容貌

史威登堡說：「在靈界的結婚，不需要像在人世間那樣考慮周遭其他因素，不需要帶有任何利益干涉，只要兩個靈感覺互相契合，彼此能互通心意，就可以結婚。在靈界的結婚沒有人世間的肉體結合，就能成為真正的心靈伴侶。」

在靈界結婚因為已經沒有繁衍新生命的使命，那麼在靈界結婚的目的是為了什麼呢？其實主要還是為了提升彼此靈的能力，對天道原理的領悟及增進理性的思考。

天道原理其實就是生命和諧的道理，從這個理念形成了天堂，所以在天堂是一個「萬人的幸福，就是一人的幸福；一人的幸福，也是萬人的幸福」的境界。

史威登堡說：「曾經在靈界看過一對過世時是年邁的銀髮夫婦，但是自交往、結婚後兩位靈的容貌越來越年輕，甚至回到青少年時期那樣青春有活力的樣貌。而且，兩位靈的外貌竟然越來越相似，宛如一個個體一般，祂們對史威登堡說：「因為我們本來就是一個個體啊！」當祂們說著這話且互相對視時，那種甜蜜感真是洋溢著難以形容的幸福。史威登堡說，天堂裡的靈，每個看起來都是二十歲上下的年紀。沒有老人靈或幼童靈，也沒有身障的靈，而且都是以夫妻的單位，沒有單獨的個人靈，感覺人人都沐浴在幸福與甜蜜的愛之中。

史威登堡在書中也分享了他在靈界看過的婚禮，其婚禮的盛大與豪華完全不輸人世間的皇家豪門，而且越契合伴侶的婚禮越是豪華。這些婚禮並不是為了面子，更不是為了炫耀，純粹只是由內而外展現靈伴侶感受的幸福感想要分享給大家而已。就如同常言道：「境隨心轉」，幸福的靈伴侶心中的豪華感與繽紛感是無法比擬，也無需比較的。

那麼，反過來看地獄裡的情形，在地獄也有男女結婚嗎？

地獄的男女關係

在地獄與其說結婚，倒不如說是「野合」比較適切。地獄是一個顛倒真善與虛偽、反轉美醜的地方，在地獄的男女關係宛如人世間的私通與野合。在地獄的女靈有一種賣春的感覺，充滿了邪氣。

史威登堡在他的《靈界見聞錄》裡描述道，當人過世後先到精靈界，在那裡都會跟新來的靈說：「在天堂是沒有私通的事，也不允許這樣的事發生。但是，相反的，在地獄就宛如賣春的場所，你要多妖嬌的女人都有，你想去哪邊？」聽說原本口口聲聲表示自己很堅定就是要去天堂的新進靈，有的會瞬間回答不出來，可見邪惡的男女關係的確很容易魅惑心靈。因此持守良善的心靈，堅定不渝，是多麼重要啊！時時刻刻都充滿了各種考驗，不管你在人世或靈界都一樣，不可輕忽。

第十章　如果是年幼的孩子過世了，祂們的靈在靈界會過得好嗎？

年紀幼小的孩子純潔如白紙，若不幸死亡是最讓人心疼的，大家最常問的問題是：「年幼就過世的孩子根本沒做過什麼壞事，應該會直接被帶上最上層的天堂去吧？」、「年幼就過世的孩子，祂的靈是不是一直就維持幼小純真的模樣，而永遠不會長大呢？」

史威登堡告訴我們：幼兒在人世尚未體驗過善惡，過世之後祂以近似天堂的最純潔無邪狀態下來到靈界。在靈界，年幼的孩子過世後也是一樣要在精靈界先接受教育，讓孩子了解天道運行的原理。當孩子吸收及實際領悟這些道理之後，他也會長大，只不過在靈界所謂的「長大」跟人世間的既定概念是不太一樣的。年幼的孩子靈都會在天堂培養為重要的天使，如此培養理性與智慧的思考能力，到了十五歲、十八歲左右正值青春的狀態，在神的祝福下結婚，祂們會成長到這樣美好的狀態，而且日益成長。

在靈界負責照顧這些孩子靈的也幾乎都是女性的靈，這些保母靈對史威登堡說：「剛過世的孩子靈跟人世間的孩子一樣，都會尋求媽媽的安慰，而且祂們還無法理解自己死亡的事，所以需要特別的照顧與教育。」

而且在靈界，針對這些年幼就過世的孩子靈的教育，也會依個體的學習及吸收程度而有不同的安排。

保母靈教導孩子靈，區別善惡

保母靈帶著史威登堡去看看孩子靈所在的花園，首先看到的是穿著漂亮衣裳的五、六歲孩子靈所在的花園。在入口就已經布置得十分漂亮，而當孩子靈跟著保母靈一起走進花園時，還會有五顏六色的花朵在祂們的頭上綻放，這也是吸引孩子靈能乖乖跟著進入花園的原因。孩子靈就是在這個花園裡接受教導，快樂的學習。他們可以說是在天堂的愛中成長，塑造出愛神、愛人的品格。

而在這個花園的深處還有更大更漂亮的花園，裡面的孩子所穿的衣裳也更加精緻美麗。保母靈說當孩子學習得更多、理解得更深之後，就能進入更深處的美麗花園，這也就是代表孩子成長茁壯了。

史威登堡在靈界看過希臘神話中以迷人音樂和歌聲誘惑人的女性惡靈「賽蓮」，賽蓮也會對孩子靈造成危害，但是因為孩子靈們不知道賽蓮是惡靈，能夠以純真的態度面對，所以反而不會像大人靈一樣受到誘惑而失神。

所以對孩子靈的教育中，教導如何區別善惡正邪是非常重要的一環，這也是在靈界生活的一項「生活技能」。當「生活的技能」越純熟，表示孩子靈所受的教育也越成功。

青少年靈的教育也越多元，史威登堡就曾經多次接受祂們的訪問，其中有一次讓他印象很深刻。那一次是一群青少年靈來訪問史威登堡，在祂們身後還跟著一個看起來像是保母的大人靈，那個大人靈一直對這群孩子傳達一個訊息：「你們要說的話透過我來傳達吧！」但奇妙的是祂們都沒有理會那個大人靈，反而看起來有點在反抗祂。

後來史威登堡才知道其實那個跟在身後的大人靈是個惡靈，祂想要控制這些孩子，幸好青少年靈已經辨識出祂不是善靈而在抵抗著祂，那次體驗就是讓祂們知道如何分辨善靈與惡靈。

父母作惡，影響孩子成為惡靈

回到大家常問的那個問題：「孩子都是純真無邪的，根本沒做過什麼壞事，應該都可以上天堂去吧？」其實孩子靈之中還是有惡靈的。

因為過世的孩子年紀不一，背景各不相同，有些孩子在人世間的家庭並非是良善的家庭，祂的父母在世時可能作惡多端，而這個孩子靈在過世前就已經看著父母作惡，耳濡目染之下有些邪惡的種子已經進駐到祂的心理而難以去除。如果經過靈界的教育，仍無法洗淨這個孩子靈的心裡的話，祂還是有可能被上帝送到地獄，過著充滿愛恨貪嗔癡的生活。所以，即便是孩子靈也不見得都能上天堂。

第十一章　千萬不可以自殺，因為靈無法得到幸福，真的嗎？

世界上有林林總總各種宗教，姑且不論這些宗教的信仰是什麼？有無崇拜偶像？有沒有偏差？基本上都不會要信徒自己了斷自己的生命。俗諺說「留得青山在，不怕沒柴燒。」再大的失敗只要還有一條命在都能夠東山再起，及時改正，所以正當的宗教不會要人了結自己的性命，會誘惑人類自殺的都是邪教。對應到史威登堡在書中告訴我們有關惡靈的作為，其實這些引誘人們自殺的都是惡靈。

蝴蝶 VS. 毛毛蟲

人，千萬不能自殺。為什麼？史登威堡說人類誕生到這個世界上，只有一次能夠擁有肉身的機會，根本沒有所謂的輪迴重生的概念。既然一生只有一次，如果輕易的自我了結生命，也就是干擾了神的安排，失去了一次靈體從肉體提升出來的機會。就像毛毛蟲會先變成蛹，在蛹的期間靜靜地不吃不喝，一點一滴的自我轉變，最終變成美麗的蝴蝶，可以自由自在地穿梭在漂亮花朵之間。如果在毛毛蟲時期失去了性命，沒有順利變成蛹，那麼也失去蛻變成蝴蝶的機會，它將永遠都只能是毛毛蟲，就像自殺的人一樣。

這樣的人對於天道原理的領悟力也會比較低，也有比較強烈的愛恨貪嗔癡，即便自殺了還眷戀著人世，遲遲不肯前往精靈界，這些自殺的靈常常停留在生前常居留的地方，所以一般人總說某某地方鬧鬼或許就是這個原因。

孤單飄盪在宇宙中

舉例來說，十八世紀的英國有一戶人家的女兒在自家二樓陽台自殺了，後來家裡的僕人就不時看見那位女兒的影像出現在二樓陽台，甚至後來這戶房屋易了主也改建過，已經沒有了二樓陽台，結果那位女兒仍然常常出現在二樓等高的半空中漂浮著。這是因為那位靈被拘束在自己無法開放的心態，生前沒有跟人世相通心意，死後也沒有與靈界相通，更沒有機會改正自己，變成孤零零的飄盪在宇宙之中。

人的壽命，都是神安排好的

其實人的壽命都是神安排好的。我們前面提到史威登堡曾經在一個被眾人要求之下的場合說出了一個年輕人的死期，也早早就預測了自己肉身死亡的日期，他之所以能夠做到這樣的預言，是因為一個人能使用肉身多久的年限都是神安排好，完全是由神來決定的，史威登堡只是運用他學會的「模擬死亡的技術」到靈界去問一下天使靈而已。

史登威堡說：「我們在人世時只需要好好善待這個肉身，愛自己和愛其他人，其他都交由神來安排。在神安排的年限裡不會有過不去的坎，當你覺得已經徹底失敗無法挽回時，只是因為你困在其中，心裡沒有放開，腦袋轉不出來而已，此時我們只要潛心祈禱，讓神來引導，就可以慢慢在迷霧中找到出路，千萬不能無視神的安排與引導，而自己輕易的結束生命。」

前面有提到前往靈界的前哨站是精靈界，人在壽終正寢過世之後，會有引路的天使靈帶剛過世的靈前往精靈界。剛過世的靈在這精靈界除了慢慢調適自己，接受自己已經過世的事實之外，還會有不同的靈團體來主動接觸這位剛過世的靈，如果彼此的屬性相契合，那麼剛過世的靈就可以加入這個靈團體，跟這些靈一起修習天道原理，提升自己，以便之後可以順利前往天堂之路。

別害怕，有神在守護你

如果人在世時，一碰到挫折沒有耐心聆聽神的安排與引導，衝動的以自殺來了結一切，這個人自然也難以跟隨引路的天使靈前往精靈界，即便勉強到了精靈界或許也難以敞開心胸去與各種靈團體接觸，最後仍是孤伶伶的一個靈飄盪在外。

這樣的靈也很容易被惡靈看上，很容易被帶到地獄，被惡靈的各式花言巧語所矇騙，於是就留在地獄的同溫層，永遠不能翻身前往靈界，更不可能有機會學習到真正的天道原理而提升改變自己，讓自己有機會前往天堂，過幸福的生活。

所以總結來說，我們人的肉身壽命都是神決定好的，我們在人世的一切都有神在守護著，眼前過不去的困難與承受不了的失敗，其實只是神給我們的試煉，當我們真的承受不住時，神會伸手接住我們：千千萬萬不能自殺，擅自結束生命，因為自殺是邁向地獄之路的起點，永遠無法得到幸福的。

第二部

•

天堂、地獄與最後的審判：要往哪裡去，由上帝決定

為何有些人可以上天堂?有些人會下地獄？這都來自於上帝的決定！原來，在人世間的所作所為，早就決定你何去何從！善靈像蝴蝶，惡靈像蜘蛛，保有良善之心，才能破除惡靈魅惑。最後的審判，其實是靈界的一場「大掃除」，邪惡與偽善現出原形，美好的天地終將恢復原有的美麗與幸福。

第十二章 什麼是最後的審判？在人世努力為善，可以在最後審判時復活回到人世嗎？

前面提到剛過世的靈，需要先待在精靈界學習靈界的基本原則，之所以先待在精靈界，還有一個重要的原因是：剛過世的靈，常常無法接受自己已經過世的事實，如今已經變成一個靈了，所以要給祂一點時間慢慢去接受與適應。

史威登堡的《靈界見聞錄》提到，曾有一位瑞典國王過世後無法接受自己已過世，不相信自己永遠是個靈，只能生活在靈界。他的理由是他認為自己還有思想、也看得見，不可能死了；倘若是死了，也會有最後的審判，既然沒有最後的審判，那就還沒死。

前面提到史威登堡告訴我們：「靈界沒有『輪迴』這回事。不管是努力為善的好人、作惡多端的壞人以及在人世間受盡委屈而不幸喪命的可憐人，甚至是出生不久就夭折的小嬰兒，都只有一次機會利用肉身可以活在人世間。一旦人過世了，肉身腐朽，就會以靈的形式存在於這個宇宙、這個世界。這個道理常常難以被世人理解，自古至今世人對此多有誤解，更難理解最後審判的真義。

其實最後審判的意義，不是我們所想的那樣。不是以世間所發生的現狀，只看表面就輕易做判定，然後就要那位靈下地獄受苦，或是很簡單的被送上天堂，這不是最後審判的意義。

先進行「心的純化」與體驗，提升靈格

當人過世後首先會進入精靈界，在這裡首先會有很多靈的團體來與新加入的靈做交流，看看這位靈是否適合加入自己的團體，同時也會幫新來的靈安排一些教育。說是教育，其實也可以說是心的純化過程，或者說是矯正過程。這裡說的矯正跟懲罰是不一樣的，請勿搞混。

至於用怎樣的方式來教育呢？前文提過，除了與許多靈做交流之外，

還有體驗過程，讓靈去比自己現在層級更高的天堂或靈界體驗，用許多美好的景象去激勵靈，讓祂願意努力純化自己的心、提升自己的靈格，以便在更美好的世界裡生活。

或許有人會感到疑惑：靈界和天堂本來就是美好的，不是嗎？所謂美好也還有分不同程度的，就像自然界的色彩，在亮燦燦的白色之間還可以細分成不同層次的白。還記得前面章節提到除了精靈界之外，天堂、靈界和地獄又各分成三層嗎？依靈格的層次，可以生活在不同層的天堂或靈界，雖然人間、天堂和靈界都是相通的，但是美好的景象是由靈的心念營造出來的，層次不夠高的靈是看不到高層次的美好世界，除非是刻意讓祂體驗。

剛進入精靈界的靈，會與自己屬性相合的團體在一起，但是當靈接受教育之後有所提升，祂就有可能脫離原先的團體，轉換到適合祂現有層次的團體，一步一步地往更高的世界前進。這就顯示了：當靈的心更加純化、靈格更加高尚。

上天堂？下地獄？由上帝決定

當然，在這個過程中不是全部的靈都會向上提升，難免出現少數會往下沉淪的靈，美好的靈界讓祂感覺不自在，最終上帝讓你選擇了往下到地獄的階梯。

所以，能夠上天堂或下地獄的決定權，在上帝手中，而且最後的審判並不是光以在人剛過世時，以人肉身在世的所言所行來做判定基準，然後決定是否可以復活再回到人世，還要以漫長的心靈純化過程的表現，最後抵達個體最終居所時的那次判定為準。

最重要的是，要再次強調沒有輪迴，因為每個人只有一次機會擁有肉身，不管你是王公貴族，億萬富翁或平凡老百姓，都一視同仁非常公平，要好好珍惜這一次機會。

第十三章　再談最後的審判！絕對不是你想的那樣……

相信有很多人都以為最後審判的場面，就像類似最高法院在做判決時那樣：有個最高天神在上，要聆聽判決的罪犯在下，旁邊會有很多獄警，一旦被判定要下地獄的話，獄警就立刻上前押走罪犯？或者，有人受到韓國電影《與神同行》的影響，以為審判會有好幾關，前往地獄的審判就由更加兇惡的神來做審判，越到最後越可怕。其實，真正的最後大審判並不是這樣。

史威登堡在《靈界見聞錄》書中告訴我們，他在一七五七年曾經親眼見過一場大審判，那場大審判並不是我們想像的那樣，與其說那是最後的審判，倒不如稱之為「大掃除」。

「混居」的靈界村落

在他的書中描述了一個靈界的村落，那是一個位於大山谷的村落，有著很多不同程度的靈「混居」在一起。或許大家察覺不到「混居」這一點的詭異，但是史威登堡說當他看到這個村落時就覺得不尋常，因為在他進出天堂靈界長久以來的經驗裡，不同層次的靈是不會「混居」的。當然，雖然說是「混居」，但在這大村落裡還是各有各的靈團體，不同層次的靈還是分別歸屬在適合自己層次的團體，只是不同層次的靈團體通常也會分開居住、保持距離，所以這個大村落的「混居」情形實在異常。

再者，以這樣的大山谷地形來說，通常善靈會居住在可以接收更多靈界太陽能量的高處，惡靈承受不了太多正能量，所以會選在陽光比較照耀不到的低處居住。最後，這個大山谷的村落也實在擁擠得太詭異了，雖然不同層次的靈眼裡，只看得到與自己同層次的靈，而察覺不到其他不同層次的靈的存在，但是靈與靈之間越過別的靈的頭上而過，也實在不舒服。

就在史威登堡造訪這個大山谷村落當天，天空飄來了十分潔白的雲，陽光透過這片潔白的雲照耀下來比平常更加耀眼，這陽光讓善靈善人覺得舒服，但是惡靈可不這麼覺得，惡靈會覺得這陽光很刺眼。

像大地震般的「大掃除」

在陽光照下來的同時，山谷也開始出現地震：這是讓所有靈都開始慌亂的「大地震」。大山谷的地形開始變動，有些靈團體居住的街道開始往下沉，沒入地面之下，有的在周遭出現水池，有的被夾在地面裂縫中，有的則是被抹平成一片普通平原，總之大山谷的地形隨著這場地震完全都變了樣。

在史威登堡的書中，他也親自畫出大山谷變動後的地理模樣，並告訴我們那些原先混居在大山谷中的靈各自的去處。

大家應該想像得到：那些地震中沉沒進入地心的靈，就是最兇惡的惡靈吧？祂們在第一時間，就被送入且鎖在最深層、最黑暗的地獄；有些靈團體被夾入地面裂縫中，那些裂縫有的還會發出硫磺的臭味，被夾在此的靈雖然不是最兇惡的靈，但也非善靈；有些靈團體在地震後發現自己所處的是一片普普通通的平原，沒有特別美麗但也非地獄，這樣的地方是為了那些「普通靈」存在的：祂們並非打從心裡為善，只因會受到社會規範束縛、在乎旁人眼光與輿論而不敢為惡。真正的善靈，所遷居的地方比原先更美好、更舒適。

在人世的表現，決定靈的去處

有人注意到這段過程中的細節會問到，在大地震中不是所有的靈都受到驚嚇，都很慌亂嗎？這樣的話，不是所有的靈都會先受到一種「精神上的處罰」了嗎？

不是的，最高層次的善靈在陽光開始照耀的同時，已經被遷移到美好的土地上，並未受到這場大地震的驚嚇。在大地震中驚慌逃竄但還是被送入地獄或不美好天地的，只有那些惡靈。

這是一場靈界最後的審判，沒有乖乖站好的聽判決畫面，也沒有讓偽裝善靈的惡靈有機會狡辯。神把這些靈平時的一切表現都看在眼裡，這些靈平常的表現，已經決定了祂們未來的去處。

最後的審判，其實是靈界的一場「大掃除」，讓邪惡與偽善現出原形，回歸到祂們該去的地方，讓美好的天地恢復到該有的美麗與良善。

當然，在這大掃除之後，所有的靈又回歸到日常學習、修練的生活。過一陣子後，有的靈的靈格提升了，但有的不但沒提升還沉淪了一些，屆時可能會再來一場大掃除吧！

第十四章 誰會下地獄？是出於上帝的決定，你應該知道的地獄真相

許多宗教以及民間傳說都告訴人們，做了壞事後會被懲罰而下放到地獄去，在華人社會的民間傳說中地獄甚至還有十八層，作惡多端的壞人會被迫上刀山下油鍋、會被割舌挖眼。台灣彰化八卦山還有個南天宮，把十八層地獄都活靈活現雕塑出來，以警惕每個到訪的遊客不得作惡。史威登堡真的親身去過地獄，我們來看看他的真實體驗。

史威登堡不僅去過天堂、靈界，也實際去過地獄走一遭。據史威登堡的描述：「地獄入口，就像從一個地上裂開的大洞穴，走下無止盡的階梯往地心內部走，光線愈來愈暗，而洞穴卻是無止盡的往下延伸。進入洞穴，慢慢適應洞穴裡的黑暗之後，才發現有許多惡靈集中在洞穴裡的某個廣場，在那裡的靈個個面貌醜陋奇特，跟民間傳說的妖怪一模一樣，有的眼眶凹陷沒有眼珠；有的雙頰的肉都垂掛下來，留下空洞的臉頰；有的牙齒掉落、頭歪頸斜，看到這樣的模樣實在會讓人心臟受不了。」這個畫面連講求實證的科學家史威登堡都得摒著氣、咬著牙才敢觀察這些惡靈。

惡靈的真相

當史威登堡看到這些惡靈的時候，這些惡靈正集中在廣場中心並圍成一圈，中間有一位惡靈正在對大家演說，他聲嘶力竭的呼喊著：「你們都是來到地獄幸福的靈啊！你們在這裡會得到認同，會得到永生，不用去理睬那些要你修練自己的說法，你們在這裡就能得到幸福。如果你們能到上面去吸引更多的靈與你們一起來到這兒，會讓你們的永生更加幸福、快樂。」

這顯示了這些靈並不覺得他們是處於地獄之中，這些靈不是被懲罰才來到地獄的，他們是自願的。他們不覺得在地獄不好，相反的他們覺得在這裡獲得認同，找到同溫層才是幸福。

他們的心中充滿愛恨貪嗔癡，但是在地獄沒有要求他們淨化自己，他們可以繼續忌妒他人、憎恨他人，所以才會說他們都是自願來到地獄的。

地獄也分成三層，剛剛提到史威登堡隨著帶領他的天使靈走下階梯，所看到的是第一層地獄。第三層地獄又更加可怕了。

第三層地獄比之前更加幽暗，當史威登堡再往洞穴深處走並終於適應這種陰暗後，他發現地獄和靈界、天堂其實都在同一個世界，連第三層地獄也有太陽，也有從天堂來的靈流，但是非常非常的微弱。

地獄裡的太陽靈流之所以會如此微弱，是為了這些惡靈著想，若太陽靈流帶來的正能量太強，這些惡靈會無法承受，所以這些惡靈們也自己營造了像烏雲般的屏障，來阻擋溫暖的陽光。

謹守你的心，勿與惡靈打交道

在第三層地獄的靈，不僅是惡靈，還像是一群無意識、瘋狂互砍互打互相傷害的妖怪。在這樣互相廝殺毆打之中，他們的面目更加猙獰，還會發出令人害怕的痛苦叫聲和惡狠狠的嘶吼聲。史威登堡當下覺得心臟真的受不了，決定快快隨著一路保護著他的天使靈離開了地獄。

或許這些描述跟我們傳統認知的地獄很不相同，但是地獄的確是惡靈聚集的地方，醜陋且令一般善靈、善人感到十分不愉快。

史威登堡訪問地獄的時間雖然不多，但跟惡靈打交道的機會倒是不少，因此他勸告世人：千萬要謹守自己的心，不要隨便與惡靈打交道——與惡靈接觸是十分危險的事，千萬不要輕易嘗試。

第十五章 小心分辨！「善靈」與「惡靈」有別！如何避免「惡靈」影響？

世上永遠有糾纏不清的人際糾紛，也還有不少以現在進步的醫療技術依然醫治不好的疾病，以及數不清的不幸與厄運，常常聽到人們吶喊著：「為什麼我會碰到這些事？為什麼我會這麼倒楣？」其實這些都跟地獄裡的惡靈有牽連。雖然神派了許多善靈在保護著人們，但是善靈終究不能出手替人們做決定或影響人們的意志。因此當惡靈唆使，人們又把持不住，不由自主地跟著惡靈的誘惑，就會慢慢走上不幸的道路。

善靈像蝴蝶，惡靈像蜘蛛

史威登堡在他自由進出靈界的二十七年裡，跟許多靈打過交道，當然其中也包括了惡靈，並不是史威登堡想了解惡靈而主動與之交談，而是惡靈會主動找上門來，誘惑任何人。

史威登堡曾說：「善靈就像蝴蝶，而惡靈就像蜘蛛。惡靈的心就像稜鏡，會將天堂太陽純淨的白光轉換成各種顏色的光，將純潔的良善轉化成各式的壞事。」或許可以這麼說：惡靈了解什麼是善，卻完全不了解什麼是惡，祂們並沒有認知到自己對人們，或是其他靈所做的事是壞事。

復仇，並非執行正義

一定會有人無法理解惡靈了解什麼是善吧？對惡靈來說的善其實就是惡，例如惡靈喜歡控制他人，看到他人遵照自己的指示去做就開心，對惡靈來說這是善，而惡靈還會美化這種惡行，為這種惡行編織謊言。最常見的就是扭曲天堂靈界的美好，幻化成一種虛擬的美好景象來魅惑世人，讓世人不明就裡的照著惡靈的指示去做。

又如，復仇是不好的，只會落入紛爭的循環，但是惡靈把復仇行為包裹成是執行正義的行為，讓世人誤解而不知不覺被拉進了惡靈的復仇團體，跟著做出復仇的惡行。

惡靈擅長偽裝的技巧，以及魅惑人心的技巧。惡靈就曾經為史威登堡營造一個十分舒適的氣氛，讓史威登堡感到宛如泡在溫度恰好的溫泉裡，身心不知不覺地放鬆，當然也慢慢失去了警戒心。然後，惡靈再進入史威登堡的腦海，營造一個美麗的景象，告訴史威登堡說：「這就是你一直在探詢的天堂景象，你看！多麼的美好、幸福。」連史威登堡都差一點要相信了，還好善靈馬上喚醒了史威登堡，及時保護了他。

事後史威登堡回想這段過程，惡靈營造的美好天堂影像不會長久，只能維持短短的時間，而且惡靈營造的舒服氣氛只是表象的、物質面的，卻沒有內心的平靜安詳，由此可知一切都是偽裝出來的。

保有良善之心，破除惡靈魅惑

連史威登堡都可能會被惡靈魅惑，一般人更不能不慎啊！

要怎麼知道自己的身邊有惡靈在作怪呢？史威登堡教大家一個簡單的分辨方法。他說當我們身體有不明疼痛且四處轉移時，就很可能是惡靈在作怪。當我們察覺惡靈在我們身邊時切記勿與其對話、勿與其交涉，保有我們原先純淨的心與正常良善的行為，當惡靈發覺無法傷害我們，無法影響我們時，惡靈終究會離開我們身邊。重點就是：千萬不要理會惡靈，不要傾聽、不要回應，絕對不要相信惡靈所說或所營造的幻象。

有時惡靈並不是以醜陋、邪惡、恐怖的面貌出現，他可能是以你的好友、同事、同學或親人的形態出現，讓你失去戒心。但是即便真的是你之前的親人或好友，祂一旦失去良善的心而變成惡靈的話，我們也要勇敢的劃清界線，不要再與他們有任何牽連。

我們要好好保有純淨的善心，繼續努力修行自己，與惡分道揚鑣，這才是保護自己的最好方法。

第十六章　史威登堡在靈界遇見的名人，為何宗教領袖會下地獄？

史威登堡在五十七歲從上帝賦予的特殊能力，習得「模擬死亡的技術」後，到過世的二十七年間進入靈界無數次，在靈界遇見無數的靈，其中不乏生前是赫赫有名的社會名流，包括上天堂的科學界名人，然而某些知名宗教領袖以及政界人士、社交女王竟然最終下了地獄……他們為何會落得這樣的下場？

史威登堡在書中告訴我們，靈界是一個公平的世界，沒有人種的差異，當然也不分東方人或西方人，過世後都是在同一個空間，被同一個基準對待，過一樣的生活。在靈界是徹底的平等、無差別的世界。

若要說有差異的話，那就是取決於每個靈對己身的修練程度不同，而造成所處的環境不一樣，或者說上到天堂的時間快慢差異而已。

所以史威登堡說：「名人不一定到靈界都可以享有在人世間那樣的榮華富貴。這些名人在過世後是否能夠上天堂與祂們生前的名氣無關，祂們也跟一般人一樣要學習天道原理，至於是否能上天堂或需要多少時間才能上天堂，都與個人的悟性與修鍊有關。」

就舉幾個史威登堡提到的例子來佐證。

為什麼牛頓可以上天堂？

史威登堡在靈界遇見過發明萬有引力的前輩科學家牛頓好幾次（牛頓比史威登堡大四十五歲）。牛頓是一位十分認真生活且對許多事都思考得十分周詳的人，不管祂生前在人世或過世後在靈界，都沒有改變祂認真生活、認真研究的態度。祂對天道原理的領悟就十分透澈，在靈界受到許多靈的愛戴。

牛頓對史威登堡說：「天道原理可以說是存在神的旨意中，不管是靈（善靈）或人們都是以這份知性為根本。人們處事應以這份知性為本，好好思考而後行事，這是人們在人世間還擁有肉身、這個特性優勢時就可以做到的事，只是人們自己沒有察覺到而已。」

姑且不論牛頓是否來到靈界後才思考這些天道原理，但是祂已經看清天道原理是人類知性的根本，且連結著宇宙的真理及真相，是所有生命的根源。

牛頓還對史威登堡說過：「靈界的光與色彩比人世間更加耀眼豐富，我認為這是因為在這兒所有的靈，對天道原理有所領悟後所體現出來的」。

牛頓對於色彩也有一番自己的見解，牛頓說：「靈界的色彩，基本上是由三個要素所組成：由光構成的白色、由火構成的紅色和由影子生成的黑色，由這三個要素調和出各式各樣的色彩。」

史威登堡對牛頓的見解十分認同，史威登堡還進一步解釋：如果能夠了解光代表的白是悟性與知性，火代表的紅是生命，而隱藏著的部分是黑色，就可以像牛頓一樣從這三個要素來了解世界。

所以，對天道原理有透徹領悟的牛頓，後來到了最上面的天堂。

宗教領袖與名人的真面目

到天堂的靈之中有很多值得學習的地方，但是並非所有受到眾人或眾靈追隨的名人，甚至包含宗教領袖都不一定就能順利上達天堂。

先來看看上達天堂的某位宗教領袖。史威登堡記得很清楚初次見到這位領袖的日期是在一七四八年的一月六日，因為他把這些過程都詳細記在《靈界見聞錄》裡了。初次看到在靈界的這位領袖時，祂正在驅趕擠到祂身邊、對祂崇拜的靈，祂對那些靈喊著：「不要來我這兒，去別的宗教、去神那裡！」這一幕讓史威登堡印象深刻。

在那之後的一個月，史威登堡再見到這位領袖時祂正被地獄的靈誘惑，嘗試去了地獄。當時史威登堡想祂之所以會嘗試去地獄應該是：心中或許仍然有著地獄那些靈一樣的愛恨貪嗔癡的慾望吧！

某天晚上，這位領袖被《聖經》裡幻化而出的龍所誘惑，當時史威登堡睡得很香甜根本也不知道此事。後來領袖見到史威登堡時質問他：「在我面前變成其他模樣來試探我的，是你嗎？」史威登堡才知道此事。不過後來得知，即便這位領袖接受了很多惡靈的誘惑與地獄的試探，但是最終並未有絲毫鬆動，並沒有出賣自己的信仰。所以後來史威登堡再見到這位領袖時，他身邊有最上層天堂的靈團團圍繞，還有美妙的樂音相伴，祂就這樣被上帝帶領到最上層的天堂了。

接下來，看看其他宗教領袖的情形又是如何……

只為自己名利而下地獄的宗教領袖

有一位門徒總是自稱是天堂之王，史威登堡就親眼見到祂在過世後，剛開始彷彿搭上直升電梯般一直往上升，依那種態勢大家都認為祂應該就是直升天堂沒錯，但是上升到某種程度後，反而被一種往下壓的力量給迅速推了下來。

為什麼會這樣呢？

其實史威登堡在靈界遇見這位宗教領袖之前，曾經有一位和祂同行的主教私下來對史威登堡抱怨過祂。那位主教也自認自己是神，應當被世人崇敬才是，但是被祂的聲勢壓制，所以這位主教非常不滿。史威登堡透過這位領袖心中的景象看出祂也是自認是世界之王、天堂之主，和那位主教的心態是一樣的。兩個人爭權鬥勢之下主教輸了，而獲得勝利的領袖也更加狂妄。這種狂妄的態度即便到了靈界也沒有改變，他的傳教模式或許能迷惑一般靈，但是更上層天堂裡的靈很快就看穿祂自私偽善的本質，因此上帝就就將祂降到地獄去了。

出於利己並非真心行善

另外有個靈，在人世時是大學教授、意見領袖，卻假借公益之名，追求地位搞外遇、一心想的是累積財富與名聲，只是想證明自己高人一等，這種自私行為，遠離天堂的心態，最終只能到地獄。也看到一位在人世間長袖善舞的女士，素有「社交女王」、「時尚名媛」之稱，每逢教會進行救濟活動，她就會站到第一線，卻只想用美色吸引男性，這樣的人似乎在人世看作是「成功的人生勝利組」，到了靈界時，因為沒有留下任何利他愛人的證據，最終只能淪落到最底層的地獄。

還有其他一位聲名遠播的宗教領袖，以為自己在世時的名聲一樣可以帶到靈界裡，自認還可以享有人世間的崇高地位，事實上他的傳教與宣道都只是出自於利己的出發點，並非真正在宣道揚善。他這種偽善很快就吸引了惡靈，最後上帝把他和惡靈一起送到地獄去了。

史威登堡說，《聖經》中提到：「你們要小心，不可將善事行在人的面前，故意叫他們看見……你施捨的時候，不可在你前面吹號，像那假冒為善的人在會堂裡和街道上所行的，故意要得人的榮耀。」正是要大家帶著正確的態度幫助別人，假冒為善的人，一心想的就是要讓別人看到他們做了多少事，低調為善才是真心行善。

第三部

•

愛、希望與永生：在人間創造天堂

靈界存在於神的秩序之下，天堂就是人類終極的故鄉，一處無比遼闊、永恆不變的世界。人類打從一開始就被創造成永恆不滅的存在體，從人世移民到靈界的過程，人們將這件事稱為「死亡」，但其實這沒什麼好恐懼的。就像從媽媽的母胎中誕生到人間一樣，人死亡之後也會從人間誕生到靈界去。

天堂之路從人間開始，你可以在人間創造天堂，首先你們要做到三件事：愛神、行善、愛人如己。

第十七章 為何黃金時代的人類原本就有靈，後來卻喪失了靈性？

耶和華創造了亞當，並且為亞當創造了一個美好的伊甸園，在那個時候亞當是具有靈性的，他的靈性與天道原理相通。也就是說，亞當並不像我們現代的人是處於分裂的情況。

什麼是分裂情況呢？也就是心裡所想不見得會展現在實際行動上。現代人或許能夠真正了解什麼是善？什麼是真？但是即便現代人了解善與真之後，並不一定會立刻展開善行，也不見得會表現出真誠，也就是說現代人將認知與意志分開，在認知之後到實際展現意志的行動還有好長一段距離，於是整個人處於分裂的狀態，已經喪失了靈性。

人類與「靈」的距離

然而在伊甸園時代的人們沒有這樣的分裂、知行不合一的情形，當伊甸園裡的人認知到什麼是善就會有行善的意志，也就是馬上會產生行動，認知到展現真誠是必要的，就會毫不隱藏的展現真誠。

他們與我們這些現代人十分不同，或許有些現代人還以為認知到行動有點距離是正常的。但是沒有把意志展現出來，就很難驗證認知是否正確，所以說現代人喪失了靈性。

為什麼人類原先就有靈，如今卻喪失了靈性？又是從何時開始喪失靈性？

只行小善，沒有大善，慢慢墮落到惡

史威登堡常常被問到：「你說我們人類比起以前那個純真年代更加墮落，染上很多惡習。在那個純真年代裡不存在的『惡』，為何在我們現代才會出現？為什麼會出現原來不存在的惡而使我們失去靈性呢？』」

史威登堡的解釋是：「原先不存在的東西突然出現，的確會令人百思莫解，但是仔細探究一下人類心中所存在的『惡的本質』，大概就能懂了。惡的起源，事實上是來自神賦與人類『自由』的權利。自由是一項重要的權利，面對歧路和選擇，要讓人們自由選擇自己願意前往的方向，這項權利自古以來從未改變，這是最重要的一點。」而人們也不是一開始就使用這項權利而選擇了惡，而是在許多善之中，選擇了最低階的善，然後在下一次選擇的各種低階的善之中，又選擇了最低階的善，如此慢慢的由善墮落到惡的地步，然後漸漸地失去了靈性。

在這過程中，人們認為低階的善也是善，進而忘了最高階的善，逐漸就失去了平衡。

舉一個比較容易懂的例子來說，大家都說愛國是一種善，大家都要有愛國心，但是在愛國心之上，還有對全人類的愛這種善，對全人類的愛是比較高階的善卻被大家遺忘，或者有人說那種大愛太高階了，我們做不到，我們只能做到比較低階的愛，就是對自己國家的愛國心。

當低階的善凌駕於高階的善之上，已經失衡的情況下，就會造成大家打著愛國心的旗幟去侵略他國，頻頻發動戰爭，讓許多人們家破人亡、流離失所，最終變成一種大惡。

其實，人類還有一種傾向：明知自己是在眾多善行中選擇最低階的善，往往合理化自己選擇小善、逃避行大善的行為，也不願正視自己正走在從小善墮落到作惡的路上，這些都是人類自己的選擇，也是喪失靈性的根本原因。

第十八章　傳承白銀時代的精神：與神同行，具備知行合一的行動力

史威登堡說，人們從伊甸園的黃金時代之後就喪失靈性，起因是亞當被逐出了伊甸園，自此之後人們就逐漸墮落。他還特別提到《聖經》中的《以諾書》，這裡描述了神為保守美好的伊甸園，除了在伊甸園東邊設立守護者基路伯和四面轉動可發動火焰的劍，來看守生命樹的道路之外，也將守護生命樹的重責大任交給以諾。

神，交託以諾守護人類的大任

神這麼做的用意是什麼呢？史威登堡認為是「要為了未來的人類守護最重要的東西，不要被汙染」，這個用意從《聖經》中的《創世記》後面的章節看得出來，而且史威登堡在靈界也親身體驗過這段歷史。

神將守護人類的重責大任交給以諾，之後又傳承給在大洪水中幫助人們存活的諾亞，創造了黃金時代到大洪水期再到白銀時代這樣的歷史過程，為新時代打下了基礎。

史威登堡在著作中特別介紹了以諾。以諾是雅列的兒子，他是接下神的任務，不計功勞將黃金時代的美好保留給諾亞的幕後英雄。在《創世記》中有關以諾的描述是後代的人們很好的學習典範。

以諾與神同行三百年

《創世記》裡提到亞伯崇拜耶和華，甘願為了耶和華而死，以諾也深受亞伯的影響，決心要循著神的旨意，和耶和華同行。從這樣的內容來看，以諾願意擔任守護伊甸園重要任務的幕後英雄也不足為奇了吧？

但是更具體一點來看，以諾到底守護了什麼，讓它不受汙染，完好的交給諾亞呢？其實就是與天堂相呼應的天道原理。

在《聖經》裡對以諾只有短短描述，在《創世記》的第五章也只說到以諾與神同行三百年後神就帶走他，很多人以為《以諾書》只是個故事。但是，《新約聖經》中《猶大書》的作者猶大也利用他的靈能力確認過《以諾書》的內容，並引用在《猶大書》中，而且史威登堡本人也在靈界的圖書館真實看過這本《以諾書》。

史威登堡說某次他獲得進入天堂圖書館的權限，見識到圖書館裡數量龐大的書籍。在這裡看不到靈但能夠聽得到他們的聲音，這裡有很多古人寫的書，白銀時期寫的書籍陳列在比較前面，黃金時代的書籍陳列在更深處，據說有很多靈在此研讀了這些書籍後變得更明白天道原理、更有智慧、更聰明了。

在天堂的圖書館裡還有很多小房間，據說裡面收藏的書籍是與進入者能力相對等的，也就是說，能力未達到該程度的話無法得到進入權限；

亞當
- 塞特→以諾士→該南→雅列→以諾→瑪土薩拉→拉麥→諾亞
- 亞伯
- 該隱→以諾→愛拉德→米戶亞利→瑪土薩利→拉麥

《聖經》裡亞當與後代的分支

當天帶領史威登堡進入天堂圖書館的靈，就有很多房間還沒進去過，所以也無法為史威登堡作介紹。

再把主題回到以諾身上。以諾本來的任務和該隱一樣是負責整理神的教義。

該隱是《聖經》中亞當與夏娃的長子，他是亞伯和賽特的哥哥。有一天兄弟倆要奉獻貢禮給耶和華，該隱獻上土地上長出的蔬菜，而亞伯則是貢獻羊和羊脂，但耶和華比較中意亞伯的禮物，為此該隱心生嫉妒和憤怒，他聽不進耶和華的勸說，憤而殺死了亞伯。亞當又另外生了塞特代替亞伯，塞特也就是以諾的祖先。塞特這一脈是重視意志（也就是行為）勝於認知的家族，他們能深刻了解及實踐天道原理，也具備能夠進入天堂的靈性。

紀錄黃金年代的美好

前面提到以諾的任務是和該隱一樣要負責整理教義，但是該隱殺了兄弟亞伯，被耶和華斥責後選擇離開，但是耶和華並沒有殺該隱，甚至還給他立了一個記號以免人們殺了該隱。

該隱離開後，記錄黃金時代美好事蹟的重責大任也就由以諾繼承下來，以諾交給諾亞的《以諾書》記錄了黃金時代的美好，為的就是能讓諾亞重建像黃金時代一樣美好的世界。依循著《以諾書》留下來的紀錄，成為諾亞時代的基礎，史威登堡把這段時期稱為「白銀時代」。

白銀時代的美好僅次於黃金時代。

第十九章

從白銀到青銅時代：時代腐敗、災難頻傳又違背神的旨意，不斷自我降格的人類

前面提到黃金時代人們的特性，是即知即行，白銀時代雖然是奠基在黃金時代的發展基礎之上，但是和黃金時代畢竟還是有所不同；史威登堡說：「白銀時代的特色是能夠回應天理與良心的時代，也就是說人們還是有基本的靈性，了解天理，可以對應自己的良心。」

白銀時代：回應天理與自己的良心

所謂的「良心」，是指區分認知與壞行為的一種心理活動，因此白銀時代的人們逐漸失去了像黃金時代的人們那樣擁有靈性的直覺，但是也多虧了有這層心理的反省，將世界自腐敗的洪水時期，再度重建到次美好的白銀時代。當時恢復昔日美好的榮景僅出現在地球上某些區域，後來再慢慢擴展到亞洲、非洲等世界各地。

什麼是回應天理呢？其實在世界各地流傳下來的神話和傳說，都含有如何回應天理的道理，只不過大部分的人都把這些神話和傳說當成故事聽聽而已，並沒有仔細去了解其中道理。後來的人們失去了靈性無法立刻領悟天道原理十分可惜，至少要思考神給予的啟示後做出相對應的回應，所以在白銀時代哪一個國家做得最徹底？答案是：埃及。

跨過試煉，擁有靈性才能抵達天堂

大家都知道埃及有很多圖騰和象形文字，那些其實都富含著諸多道理，教導人們有關天道原理和如何去回應天道。

或許現代人覺得那些動物圖騰很奇特，但是若要解釋其中富含的道理，恐怕寫成一本書都還說不完呢！

例如有名的埃及圖騰 Ankh，又被稱為生命之符。它是在一個十字架上面畫個圓，那個圓代表的是賦予永恆生命的太陽，而十字架的橫桿上的線條，代表著人世間的死亡與苦難，其實也是給人們的種種試煉，跨過這些苦難、死亡與試煉之後竟能夠達到更高的階層，也就能得到靈性的幸福抵達天堂。埃及人就是用這樣的方式，把他們領悟到的道理表現出來並傳承給後代。

另外，埃及人的神都會手持一支權杖，手杖的上頭有某種動物的頭，頭上一定都會帶有羽毛，看起來是某種動物與鳥類的混合體。這個形象的意義也很清楚，對埃及人來說羽毛（鳥類）代表的是真理，而動物代表善，帶有羽毛的動物就是真理與善的結合，也就是善的意志（行為）與真理的認知是合而為一的。

史威登堡曾經在靈界看過這些埃及的圖騰，當時他曾經不解地問

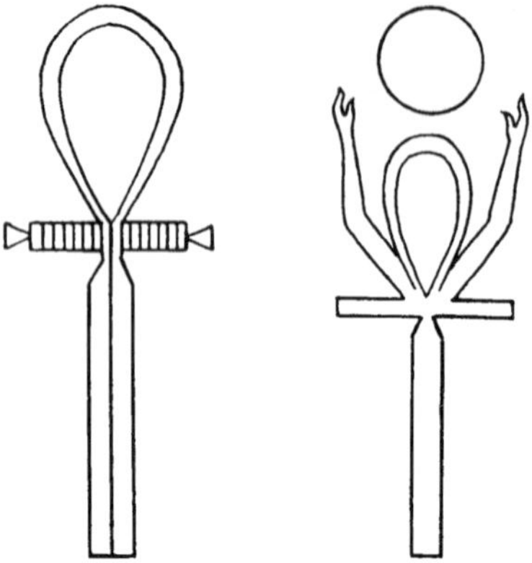

埃及的生命之符

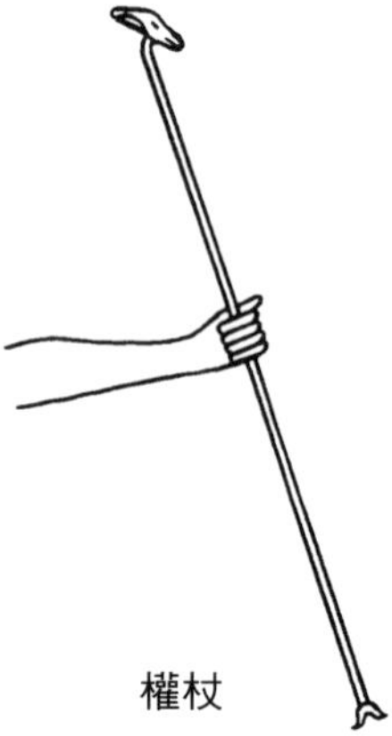

權杖

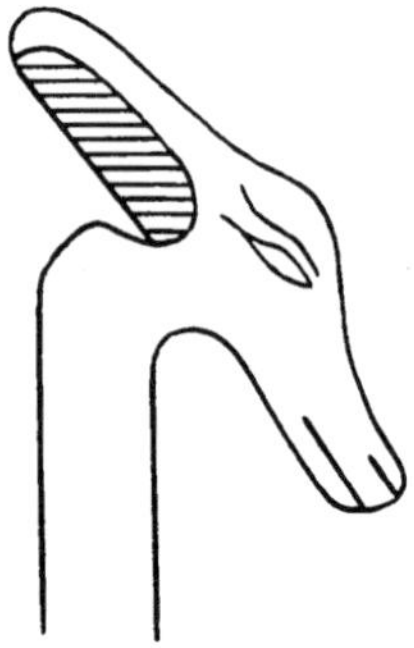

權杖頭部的放大圖

帶領著他的靈說：「這些不就是一種偶像嗎？神不是不要我們崇拜偶像嗎？」靈回答道：「真正去了解這些圖騰背後代表的意義並且去實踐，與還不了解圖騰的意義就將其捧上天是不同的，後者才是偶像崇拜。」

白銀時代後期的衰敗現象

白銀時代的人們就是能夠深刻去思考並了解這些道理，然後努力實踐，才能達到美好的時代。

但是白銀時代在後期還是衰退了，慢慢走向腐敗。有關白銀時代衰退的文獻紀錄有很多，最具代表性的就是《聖經》中的《創世記》和《以賽亞書》，其中巴比倫和巴別塔的內容最為膾炙人口。

據《舊約聖經》記載，大洪水過後，諾亞的子孫逐漸繁衍，遍佈地面，後來他們漸漸向東遷移。在示拿（古巴比倫附近）這個地方，他們看見了一片平原，於是便在此定居。後來，人們經過商量，決定建造一座城和一座通天塔。在眾人的通力合作下，終於建成了繁華美麗的巴比倫城和直插雲霄的通天塔。然而，此舉驚動了上帝，祂為人類的虛榮和傲慢而震怒，便決定懲罰這些狂妄的人。於是祂打亂了人類的語言，使人們無法相互溝通並散居世界各處，那座塔最終也就半途而廢了。

在史威登堡的《靈界見聞錄》中是這麼描述巴比倫的：「巴比倫其實就是用狂傲的自信和偏執的信仰去支配眾人的生存方式，他們壓制群眾，神聖的天道原理，則變成他們控制人民的手段而已。」

而《以賽亞書》第十五章所描述的，就是一則一夜之間毀滅與逃亡的預言，這些都記載了白銀時代末期的腐敗亂象。當時代腐敗至此，人心不再理解天道原理，也無怪乎災難頻傳了。

《以賽亞書》十五章的摩押哀歌，這章經文描述了以賽亞在異象中看到摩押被審判、被毀滅，遍地哀號，淒慘可怕的景象。神之所以讓以賽亞看到這樣的異象，是為了讓以賽亞宣講出來，可以給摩押悔改回轉的機會，但可惜的是摩押沒有回頭，錯過了神給它的恩典和機會，以致後來異象中的景象變為現實，以賽亞為之惋惜和悲哀。

一、一夜之間，只剩哀哭

「論摩押的默示：一夜之間，摩押的亞珥變為荒廢。歸於無有，一夜之間，摩押的基珥變為荒廢，歸於無有。

他們上巴益，又往底本，到高處去哭泣。摩押人因尼波和米底巴哀號，個人頭上光禿，鬍鬚剃淨。他們在街市上都腰束麻布，在房頂上和寬闊處俱各哀號，眼淚汪汪。

希實本和以利亞利悲哀的聲音達到雅雜，所以摩押帶兵器的高聲喊嚷，人心戰兢。」（1－4節）

二、看見審判，先知哀痛

「我心為摩押悲哀。他的貴胄逃到瑣珥，到伊基拉、施利施亞。他們上魯西坡隨走隨哭；在何羅念的路上，因毀滅舉起哀聲。因為寧林的水成為乾涸，青草枯乾，嫩草滅沒，青綠之物一無所有。因此，摩押人所得的財物和所積蓄的都要運過柳樹河。」（5－7節）

三、災難加增，無人能免

「哀聲遍聞摩押的四境，底們的水充滿了血；我還要加增底們的災難，叫獅子來追上摩押逃脫的民和那地上所剩餘的人。」（8－9節）

這一章是摩押的哀歌，以賽亞透過異象來警告摩押，給他們選擇的機會和出路，脫離審判。當人們擁有自由意志，或許會選擇不跟隨神，甚至行惡，但神仍然設法拯救我們，耐心等候我們回轉歸向祂。然而，摩押耗盡了神的恩典，讓神感到矛盾，當神的審判來臨，一切的榮華富貴，都在一夜之間消失。我們也可能像摩押那麼驕傲、那麼無知，把一生的恩典耗盡，且讓神感到憤怒。

神在這裡警告摩押不要存僥倖的心理，覺得審判不關我事，摩押人認為自己可以逃離摩押國境，就可以逃脫審判，神說沒有一個人可以逃脫，就算獅子也會把剩餘的人追回來。這對我們也是一個警告，不要以為自己多做善事，或者信奉別的宗教，就可以逃脫地獄之火，這是不可能的事，因為得救之路只有一條：擁有一顆敬畏神的心，愛神、愛人、行善，才是真實而長久的，遠遠勝過擁有世上的財富、地位與權力。

第二十章　進入天堂的祕訣：在人間做到三件事——愛神、行善與愛人如己

世人在人世間的言行舉止，會影響未來的靈界生涯。你過去所行的善、付出的愛，只是表面功夫為了自己？還是利他的大愛？如果你總是自私自利，那就是以自我為中心的狹愛，不是天真無邪，而是假面偽善。

想過著「愛神愛人」的生活，在人世的肉身階段要「真心悔改與重生」。最終，在上帝的旨意下，善良的靈會上天堂，邪惡的靈只能到地獄。

人會到天堂或地獄，「動機」是最重要的關鍵。心中時時想著神（或者時時遵守著自己的良心），無私地行善去愛人，這是良心的自然流露，將快樂帶給人們，行為聖潔單純，才是屬於天堂的善。《聖經》這麼教導著我們：「你施捨的時候，不要叫左手知道右手所做的，要叫你施捨的事行在暗中。你父在暗中察看，必然報答你。」於是，許多人常常做很多善事、好事，不欲人知。甚至，完全銷聲匿跡，不願曝光。

「良心」就是神派駐到人們內心的「神之使者」，只要動機是來自純粹的良心、想要幫助別人，那就一定是善的，會引領人們走向天堂之路。如果動機是以自我為中心，是為了提高自己的名聲、獲取利益，那就是惡的。如果善完全成熟，結果就是完全的善、真理與愛；惡完全成熟，結果就是虛偽、憎恨與報復。你要成為甚麼樣的人，是由你自己決定，不是別人。世事多變、人世無常，雖說有人認為人性本惡，或以此奉為行事準則走上歧路，但是人類擁有自由意志，仍然可以自己選擇擁有善良愛人之心，來改變現狀、改變世界。

死亡，就是移民到靈界去

能夠讓人進入天堂的美德就是：愛與寬恕。人的靈體是在人生的最高峰當中成長完畢的，這種成長所靠的糧食就是愛，並且只能是愛。死亡就是移民到靈界：靈體一旦與肉體分離到靈界去，殘留在人世的肉體中就不會剩下任何生命力了，因為生命力完全是在靈體裡面。

天堂，人類終極的故鄉

史威登堡在書上說：「靈界存在於神的秩序之下，天堂就是人類終極的故鄉，一處無比遼闊、永恆不變的世界，那個世界猶如將神當作國王來侍奉的王國。人類打從一開始就被創造成永恆不滅的存在體，並不會死亡，只不過是會經歷從人世（人界）移民到靈界的過程，人們將這件事稱為『死亡』，但其實這沒什麼好恐懼的。就像從媽媽的母胎中誕生到人間一樣，人死亡之後也會從人間誕生到靈界去。所以自從有人類以來，誕生到世上的所有人連一個也沒有消失。」

每個人的壽命由上帝決定。當來到臨終的那一瞬間，所有痛苦都會消失，接著就是前所未有、無以名狀的平靜會降臨，身體有一種要準備上天堂的喜悅感油然而生（所以自殺是絕對做不得的事，因為這種死法將會帶來超乎想像的不幸）。這個時候不管臨終者是誰，靈界會派領路靈過來（有二到四位，兩位站在臨終者的頭旁邊，兩位站在腳邊附近），這些領路靈都是天堂派來的善靈，祂們會先散發溫暖的愛擁抱臨終者，讓祂感到平安，最終領路靈會等待臨終者嚥下最後一口氣，祂們會幫忙將臨終者的靈體從肉體中分離出來。此時，領路靈會抱住靈體開始升天、往上飛翔，脫離肉體的靈會在極度喜悅中進入靈界——就是所謂的「精靈界」，位於天堂和地獄的中間。

靈性位階，取決於你在人間付出多少愛

天堂環境與人間極為相似。逝者會去哪裡？你會在靈界的哪個階段，依你在人間「愛的成績單」而定：若逝者靈性的水準不夠，他會感到不舒服而拒絕領路靈的帶領，導致第一批領路靈離去。然後是第二批，最後的一批就會將脫離身體的靈帶到地獄去，因為證明了此人的靈性水準是屬於地獄的。最長可以拖到三天。人的靈性位階，其實是由他在世上付出多少愛來決定。要認定誰是好人與壞人，也是看付出愛的多寡來區分的。

天堂的真實情景

當你遠處望去前方有一條猶如地平線的地方，上面有些雲朵飄浮著。雲彩與地平線之間，可以看到繁花盛開的花園，還有華麗無比的各式宮殿、生機勃發的偌大庭院，以及一群群穿著潔白衣裳的可愛天使。天堂是立體的，分成三個層次。這三重天都是天堂，都會發出強烈璀璨的光芒。最先看到的是第一天堂（自然王國、象徵道德），再往上是第二天堂（精神王國、象徵真理）將頭抬得不能再高，看到的地平線就是第三天堂（神性王國、象徵愛），這是神所在的地方。那是離神的愛和真理最近的地方，愛就是熱情，而真理就是光輝。

治理靈界的制度永遠都是君主制，天界是人類永恆的居所，這裡的君王就是造物主：「神」。神與天堂子民間的關係，不僅是君王與臣民的關係，也是父親與孩子的關係，而用來治理的根本法則就是愛與真理。我們把在各個天堂中生活的靈都稱為「天使」，不管他們生出在哪個天堂，都會享受到永恆的喜悅與幸福。天堂是這樣立體的存在，而上下天堂之間基本上不會彼此交流。

愛神愛人，真心悔改才能重生

人類在世間難免會犯下大大小小的錯誤，這些只能在人世得到原諒。對於自己過去犯下的錯誤想要獲得原諒，要付諸行動：要付出愛、努力行善。此外還要有意識地遠離罪惡，防禦惡靈，努力過新的生活。所以在《聖經》的主禱文，上帝教我們可以這樣禱告：「不叫我們遇見試探，救我們脫離兇惡。」更準確的說，是「不叫我們遇見試探」，意思就是，我們不要招惹邪惡，以致承受我們擔不起的考驗。不叫我們被帶進試探裡，以致陷入網羅被罪所捆綁。要過著「愛神愛人」的生活，在人世的肉身階段時，要「真心悔改與重生」，這是唯一的機會，才能清洗自己所有的罪，讓靈魂成長；因為耶穌初傳道時就說過：「天堂近了，你們應當悔改。」最後，在上帝的決定下善良的靈會到天堂，邪惡的靈會到地獄去。

通向天堂之路，從人間開始

史威登堡說：「靈界的太陽是創造的原動力，也是造物主神的象徵。」靈界的太陽還有一種神祕的力量叫做「靈流」，它就是生命力，也就是超能力的源頭，所有善良的靈都是靠接收這道靈流來發揮各種能力。靈界特有的「心念萬能原理」，就是指靈界是以心念移動，思想就是動力，也就是當你產生念頭，一剎那馬上就到了，例如想見到去世已久的母親，你馬上就來到母親面前，這移動的速度和思想一樣快，因此靈界能超越時間、空間與距離，物質世界的文明在靈界完全無用武之地，不需要飛機、手機，不需要黃金、銀行、汽油，沒有空氣污染。至於音樂廳、歌劇院？那當然有，而且還是最富麗堂皇的。

如果人類在世就能遵守天堂原則，算是已經過著天堂的生活，因為通向天堂之路，是從人間開始。

孝敬父母，就是敬畏上帝

想要進天堂，家庭與家人，應該擺在第一位，誠如《聖經》所言：「孝敬父母；又當愛人如己。」。關於人和人的關係，首推和父母的關係，孝敬父母就是敬畏上帝；父母生我養我育我，就如上帝的慈愛般長闊高深，孝敬父母就是敬畏上帝，有些人從父母領受這麼大的恩惠，卻不懂得回報，甚至於愛朋友比愛父母、家人更多而不自知，值得好好深思。

尤其長大工作多年的子女，最容易和年長父母起衝突，都是愛自己比愛別人更多所致，雙方彼此都需要為對方多著想才對。所以，人際關係中的愛，首先就是孝敬父母，使父母的心歡喜，父母也要好好對待自己的兒女，即使後來婚姻不存在雙方分手，父母仍應持續照護自己的孩子，父母不可遺棄自己的孩子，孩子也應照顧父母。對家人都不愛的人，怎麼可能去愛鄰人與他人呢？接下來就更應該在社會中努力服務與貢獻，最好的方式是在你的專業工作崗位上榮耀神、幫助別人，其實職場就是最適合實踐服務與愛人的地方。

你在人世間的言行舉止，會決定你上天堂還是下地獄，請捫心自問：你過去所行的善、付出的愛，只是表面功夫為了自己，還是利他的大愛，如果你自私自利，那就是以自我為中心的狹愛，不是天真無邪，而是假面偽善。

在天堂，學識、財富、權力都無用武之地

在人世最看重、最有價值的那些東西，除了利他之愛及像小孩那樣保有天真無邪的純潔之心，不虛偽、不欺騙之外，在天堂都不受重視。那些在人間享有的身外之物：名譽、學識、財富、地位、權力之類，其實只會帶給人類自傲、自私與沽名釣譽，這些在天堂、靈界都完全無用武之地。

史威登堡說，只靠信仰、知識、名氣、權位就能進天堂，這是天大的誤會，要轉化為「行善愛人」的行動，因為這些在天堂一點價值都沒

有。他在天堂見過大科學家牛頓，他是以最高的科學成就而活在最頂層的天堂嗎？並不是。牛頓是因為身為神的信徒，投入科學的目的是為了愛全人類；反觀許多名人做公益或善事，只是為了博得自己的名聲與受人尊敬，過得是「炫耀虛榮」的生活，並不是真心「利他愛人」，只想活在眾人的掌聲中，個人的靈性卻沒有同步成長，過著假面的偽善生活，這些人或許習慣帶著假面生活，到了靈界這個呈現真實的地方，這些虛偽、欺騙是完全沒有立足之地的。

人生就是這麼的神奇與巧合：你懂得感恩就會很順利，你願意承擔責任就能帶來成長，你願意付出反而得到更多，你願意愛更多的人就會有更多人愛你。人生的規律就在其中：感恩就能成長，付出等於得到，責任就是成長，付出更多的愛你會享受到更多的快樂。原來人生就是這麼簡單；一切美好，都源自於有一顆感恩的心：感恩生命中所有的相遇，感恩這一路上所有的人。只會抱怨「為什麼我會得到絕症」、「我的運氣這麼差」、「為甚麼我這麼窮」……這些負面的思維，阻擋了你可以成為更好的人的機會。正如《聖經》上所說：「我又轉念：見日光之下，快跑的未必能贏；力戰的未必得勝；智慧的未必得糧食；明哲的未必得資財；靈巧的未必得喜悅。所臨到眾人的是在乎當時的機會。」

在《聖經》中記載：「耶穌對他說，你要盡心、盡性、盡意愛主你的神。這是誡命中的第一，且是最大的。其次也相倣，就是要愛人如己。」耶穌說過：「你們若不回轉，變成小孩子的樣式，斷不能進天堂。」像小孩子的另一個層面，就是純真、誠實、表裡如一、不虛偽、不假裝。天堂中沒有偽善的容身處。

人世肉體的快樂，常常都只是感官興奮而已。人類在人世脫去肉身之後，這一切感官興奮也都將會消失；只有靈體感受到的喜悅才是真正的喜悅。天堂的基本法則，簡言之就是「利他之愛」，所有天使與善靈在天界不斷追求的目標，就是實現「一個人的幸福，就是眾人的幸福；眾人的幸福，就是一個人的幸福」的夢想。

天堂在天上，但通往天堂之路，卻從人間開始：我們可以在人間創造天堂，就從現在開始。真理的法則，是多麼神奇奧妙啊，值得我們一生追尋。

第二十一章

史威登堡給世人的七大忠告：未來會如何？我們又該何去何從？怎樣才能擁有美好年代？

史威登堡說自從一七五七年在靈界親眼目睹那場大審判後，就一直在思考人類的歷史，以及人類為何會從美好的黃金時代演變成現在這個模樣？人類有可能再恢復到像伊甸園時期的美好時光嗎？我們要做哪些改變？「給世人的七大忠告」又是什麼？

在此再簡述史威登堡書中所提及的人類歷史變化：

最早的伊甸園時代就是所謂的「黃金時代」，當時的人們就像亞當十分單純且知行合一，認知和意志是不分開的，在這個時代幾乎沒有惡，因為人心純真且即知即行。

宗教不應只停留在信仰，更要行動

到了該隱的時代，人心已不如之前純淨，而且認知與行動也逐漸分開來，知道去做某事就是行善，但是認知卻無法連結到行動，就算想了好久才付諸行動，卻也挑選容易達成的小善來做，這些在《聖經》裡都有描述。

認知與行動分裂之後，慢慢的對善的認知與理解轉變成一種信仰，而且只是信仰，怎麼說呢？當宣導善只變成口頭上的言語，沒有身體力行去做，那麼信仰也只停留在信仰階段，不是神的旨意。例如某些教會沒有思考如何落實善行，只是努力宣揚信仰以擴大信徒數量、蓋富麗堂皇的大教堂……，這已經不再是善而變成了惡，所以史威登堡說：「只停留在信仰階段而沒有行動的宗教，反而是有害的。」

一七五七年，史威登堡在靈界所看到的那場大審判，地震後能夠獲准進入天堂的靈並不都是基督教信徒，有的並不是基督徒，但是卻因為擁有一顆純真的心並努力行善也都進了天堂。所以史威登堡認為與其致力於宗教推廣倒不如身體力行去行善、愛人，即便是看起來不足為外人道的小善也要努力去執行，內化成自己的反射行為，不要遲疑也不要受旁人的影響，這樣才能讓人類恢復純淨而回到美好的時代。

大審判就是大掃除，才能回到美好時代

人類有可能再恢復到像伊甸園時期的美好時光嗎？

史威登堡認為絕對有可能，因為從人類的歷史和對應天道原理的過程來看，每一次的大審判都能帶給人們許多啟示，能啟發很多人和靈的心，更加努力行善，這也是為什麼史威登堡認為，與其說是大審判倒不如說是「大掃除」比較適切。

從遠古到現今的歷史演變來看，人類歷史不斷重演，一直在重複：從「黃金時代」、「白銀時代」再到「青銅時代」，最後到最糟的「鐵

的時代」，最終來一場大掃除，清除了人們心靈的髒東西，啟發人們行善愛人，這樣就能夠恢復到黃金時代的美好，說起來跟科學上人體的能量循環過程其實頗為類似。

史威登堡給世人的七大忠告

所以，史威登堡在看遍了靈界的狀況，了解到每個人在過世後的各種可能狀況後，給世人的建議，可以綜合為「給世人的七大忠告」如下：

一、像愛父母一樣愛神：不妨把神當作自己的親生父母來看待，時時關心祂、愛祂，像愛自己的父母一樣愛神，懂得神的心意，完成他們的心願；我們也要了解「神的心願」，就是希望世人都能相信神、愛神。

二、奉行神的旨意，在人間創造天堂：先把你所在的地方變好，把自己生活過好，影響你的家人、同事、朋友，讓你的家、你的公司、你的學校、你的城市、你的國家變好；就可以把人世變成天堂。天堂在天上，去天堂的道路，卻在人間。《聖經》中的主禱文教導我們：「我們在天上的父：願人都尊你的名為聖。願你的國降臨；願你的旨意行在地上，如同行在天上。我們日用的飲食，今日賜給我們。免我們的債，如同我們免了人的債。不叫我們遇見試探；救我們脫離兇惡。因為國度、權柄、榮耀，全是你的，直到永遠。阿門。」

這裡提到願神的旨意行在人間，但是人有自由意志，信與不信都是由人自己決定，因而產生了不同的結果，並不是所有人都能上天堂，而是「只有相信神的人，才能去到美好的境地」。史威登堡說，「自由」的意志就是神給人的終極祝福，在自己的內心就能打造天堂，正如《聖經》上所言「神愛世人，甚至將他的獨生子賜給他們，叫一切信他的不致滅亡，反得永生。」這是走向天堂一定要有的認知與方法。

三、儘可能多多行善：《聖經》上就鼓勵我們「服事最小的」，經文說：「你們既作在我這弟兄中一個最小的身上，就是作在我身上了。」即使是看起來微不足道的善行也不要遲疑，儘可能去做，不要在腦中計算利弊得失，也不要計較而延遲了善行，要做到知行合一、即知即行；有意志卻沒有行善的行動，也是惘然。

四、愛自己愛別人：史威登堡一再強調：「每個人都只有一次活在人世擁有肉身的機會」，而且活在人世過程的所有經歷、你的心思意念，也會影響到自己在靈界後可以先進入哪個階層，所以千萬不能傷害自己的身體，更要保護自己的心靈，不要受到惡靈的影響。在這過程中，我們要儘可能地把這份對自己的愛擴及別人，像愛自己一樣去愛全人類，才能實現「一個人的幸福，就是眾人的幸福；而眾人的幸福，就是一個人的幸福」的夢想。

五、持守利他的良心：神在每個人心中種下了良心的種子，《聖經》上說：「施比受更有福。」這是神為大家所預備的天堂之路，只要照著良心行事，把愛存在「良心存摺」之中，就能無私無我、產生利他的愛心，這是神為全人類所設計的天堂，絕對不是某個宗教的特權，也是世人實踐神的愛的方法。

六、愛與寬恕，切勿任意審判、論斷他人：進入天堂的美德是愛與寬恕。當你用一根手指指責別人時，不要忘記有三根指頭正指著你自己，切勿任意審判、論斷他人；換句話說，就是不要去論斷別人。世人要用什麼方法，才能不去審判別人？那就是寬恕。

《聖經》上說「要愛你的仇敵」，在愛之前一定要先有寬恕，當你能寬恕自己和他人的過錯時，釋放心中的怨恨和寬恕，就能培養包容與和解的心，當你可以理解他人的行為和動機，就能以寬容和慈悲的心態對待他們，放下過去的矛盾和紛爭。這樣你的心中，將擁有善良、愛，而不再有對他人的怨恨。

七、遠離惡靈，與良善同行：在人世的過程中雖然要努力愛人與行善，但是仍然還是會碰到不順利的情況，這很可能就是惡靈在搞鬼。當你靈性能量日漸削弱，可能產生憂鬱、精神分裂狀態，或是不敵肉慾、情色、虛榮名利的誘惑，或是困難的試煉，都需要有強大的意志才能克服。

這個時候如果盡了最大努力卻仍無法克服這些不順利，繞道而行避開惡靈也是一個方法，畢竟跟惡靈硬碰硬需要相當的能力，對付惡靈的事交給神，我們保守好我們自己的心，與愛護我們的肉身就好，多接觸美好的人事物，堅定愛神愛人行善的意念，神一定會有最好的安排。

如果我們趁著還擁有肉身活在人世的時間，做到上述史威登堡給我們的建議，就能縮短我們在靈界學習修練的時間，也能讓我們更早一點抵達天堂，過著美好的生活。這就像大部分的現代人都知道開始出社會工作後要趁早存退休金，以便退休後能享受經濟無虞的生活一樣。

既然我們都養成為了未來而做準備的習慣，現在身處肉身人世階段的你，可以從現在開始，試著讓自己「脫胎換骨」，為未來的新天新地、美好靈界生活而努力：愛神、愛人如己、養成行善習慣，這是榮神益人、利人也利己的事，在人間創造天堂，讓我們就從現在開始起身行動吧！

後記

前往更美好的境地

憑藉我們四個好朋友所組成的讀書會，就要來研究史威登堡不是一件簡單的事；要搞懂史威登堡所描述的靈界體驗也頗有困難。原因之一是各國研究有關史威登堡的資料很多，唯獨中文稍少，我們克服萬難蒐集十餘本中、英、日、韓文的書籍（包括《靈界見聞錄》、《天堂與地獄》、《星界報告》等書）與YouTube上點閱頗高的影音資料來研讀；所以，當我們終於編寫完成三萬多字文稿時，那種成就感是難以言語的。

讀的資料越多，我們對這位傳奇的科學家與神學家就越加欽佩。

自從史威登堡出版他的靈界相關著作以來，世界各地就有不少名人一致推崇受到史威登堡的影響，其中有不少文學家、詩人、哲學家、心理學家、政治人物等，因此改變了他們對生命的看法。例如：康德、榮格、歌德、海倫・凱勒、老羅斯福總統、葉慈、波特萊爾、柯南道爾等人。其他尚有英國詩人威廉・布萊克（William Blake）以及他的朋友、雕刻家約翰・斐拉克曼（John Flaxman）和哲學家兼詩人柯立芝（Samuel Taylor Coleridge）。之後再藉著這些著作宛如播下的種子一般，將史威登堡的思想傳播出去，像日本著名的禪宗作家鈴木大拙就是從心理學家威廉・詹姆斯（William James）瞭解了史威登堡的論述及著作，更進一步將史威登堡的理念及著作引介進日本。

脫離痛苦，得到平安

與鈴木大拙同時代，還有一位堅強的女性也深受史威登堡的啟發，那就是我們從小熟知的海倫．凱勒。她感謝史威登堡讓她對《聖經》更加了解，對基督教教義有更深一層認識。海倫．凱勒說：「史威登堡書中傳遞的訊息對我來說意義重大。完全解除了我對死亡的恐懼，可以說從此脫離了痛苦，因為我知道我不會死去，將會永恆存在於天堂，而且在那裡我不再是殘障者，還能恢復到青春的狀態。以前的我自認被神忽視、處在絕望之中，如今我已經了解在人間的時候，一定要盡心、盡性、愛神之外，更要愛人如己、努力行善。它讓我對未來生活的想法賦予了色彩、現實性和統一性；它提升了我對愛、真理的認識，更加感到幸福；它是我克服自身局限性的最強大激勵。」

相信讀者透過本書，認識了章媽媽和英國伊莉莎白女王的親身見證，這樣令人尊崇的典範人物過世了，固然令人哀傷，但是了解史威登堡告訴我們的靈界種種見聞之後，我們也很欣慰章媽媽和女王能夠脫離老朽的肉身前往美好的天堂，在那裡重返青春與恢復活力。

而還留在人世的我們，不能忘記史威登堡為我們留下種種值得學習的教誨與典範，我們應當時時刻刻把這些教誨謹記在心並時時力行：不要只是相信，更要行動，只是知道要行善卻沒有一絲行動，那也是惘然，這真的是說到我們的痛處，我們做的善事實在太少、太不夠了，所以我們非常感謝有這麼好的機緣，分享《聖經》與史威登堡的訊息給大家。

展開生命新篇章

終有一天，我們都會在美好的靈界再相見，只要我們努力閱讀《聖經》以及史威登堡的相關書籍，提升自己，在人世間好好愛神、行善、愛人如己，相見之日指日可待。

這本書是我們研究史威登堡後的心得，本來只是在朋友之間分享，想不到許多人鼓勵我們出版成書，如今藉著大好文化出版成書發行到全世界與華文世界的廣大讀者見面，期盼其中有些篇章能真正觸動到讀者，讓所有書迷有興趣進一步研究《聖經》與史威登堡，或許就能安慰摯愛親友離世之痛或是解開讀者心中某個糾結的盲點。受限於我們才疏學淺，還望海內外方家不吝斧正，期待未來我們再版時可以修訂，以期更臻完善。這也算是深感能力不足的我們在榮神益人、修行為善的路上，所能做的一件微小的事。

烏雲鑲銀邊，雨後見天晴，期待你的人生撥雲見日，展開生命新的篇章。祈願本書對正在翻閱此書的您有所影響，一同努力，未來都能前往更美好的境地。

大好文化　大好生活 14

天才科學家史威登堡的靈界體驗：愛與希望之書，獻給深陷摯愛離世之痛的你

作　　者｜齊義擎、章心容、林恩芳、鄭音怡
出　　版｜大好文化企業社
榮譽發行人｜胡邦崐、林玉釵
發行人暨總編輯｜胡芳芳
總 經 理｜張容
駐英代表｜張瑋
主　　編｜劉藝樺
編　　輯｜呂綺環、張小春、林鴻讀
封面設計、美術主編｜陳文德
客戶服務｜張凱特
通訊地址｜111046臺北市士林區磺溪街88巷5號三樓
讀者服務信箱｜fonda168@gmail.com
郵政劃撥｜帳號：50371148　戶名：大好文化企業社
版面編排｜唯翔工作室　(02)2312-2451
法律顧問｜芃福法律事務所　魯惠良律師
印　　刷｜成偉印刷公司　0936067471
總 經 銷｜大和書報圖書股份有限公司　(02)8990-2588

ISBN　978-626-7312-10-0（平裝）
出版日期｜2024年10月10日初版
定　　價｜新台幣350元

國家圖書館出版品預行編目資料

天才科學家史威登堡的靈界體驗：愛與希望之書，獻給深陷摯愛離世之痛的你／
章義擎、章心容、林恩芳、鄭音怡著. -- 初版. -- 臺北市：大好文化企業社，2024.10
208面；14.8×21公分. --（大好生活；14）
ISBN 978-626-7312-10-0（平裝）
1.CST：通靈術 2.CST：靈界
296　　113002296